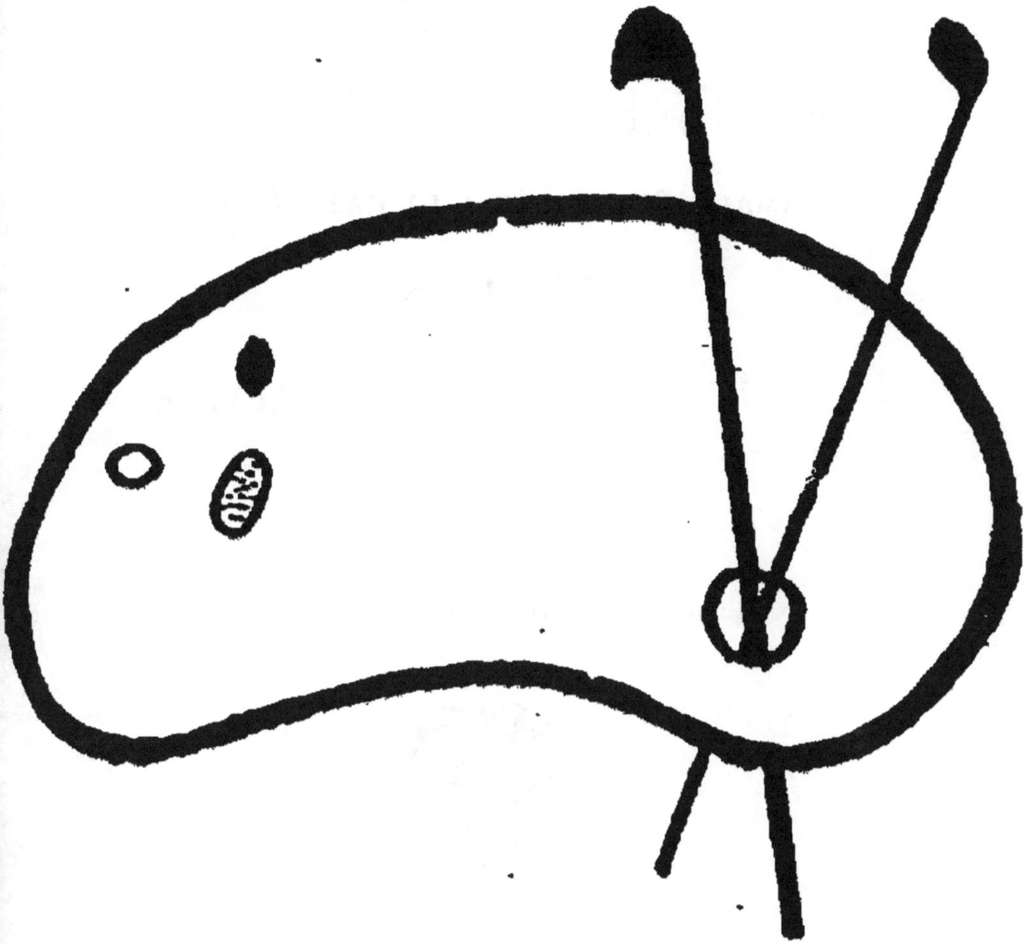

NOTRE-DAME DE FOY

IMAGE CONSERVÉE A LA CATHÉDRALE

D'AMIENS

NOTICE HISTORIQUE

PAR

EDMOND SOYEZ

de la Société des Antiquaires de Picardie

AMIENS
IMPRIMERIE YVERT ET TELLIER
64, Rue des Trois-Cailloux et 10, Galerie du Commerce

M DCCC XCVII

NOTRE-DAME DE FOY

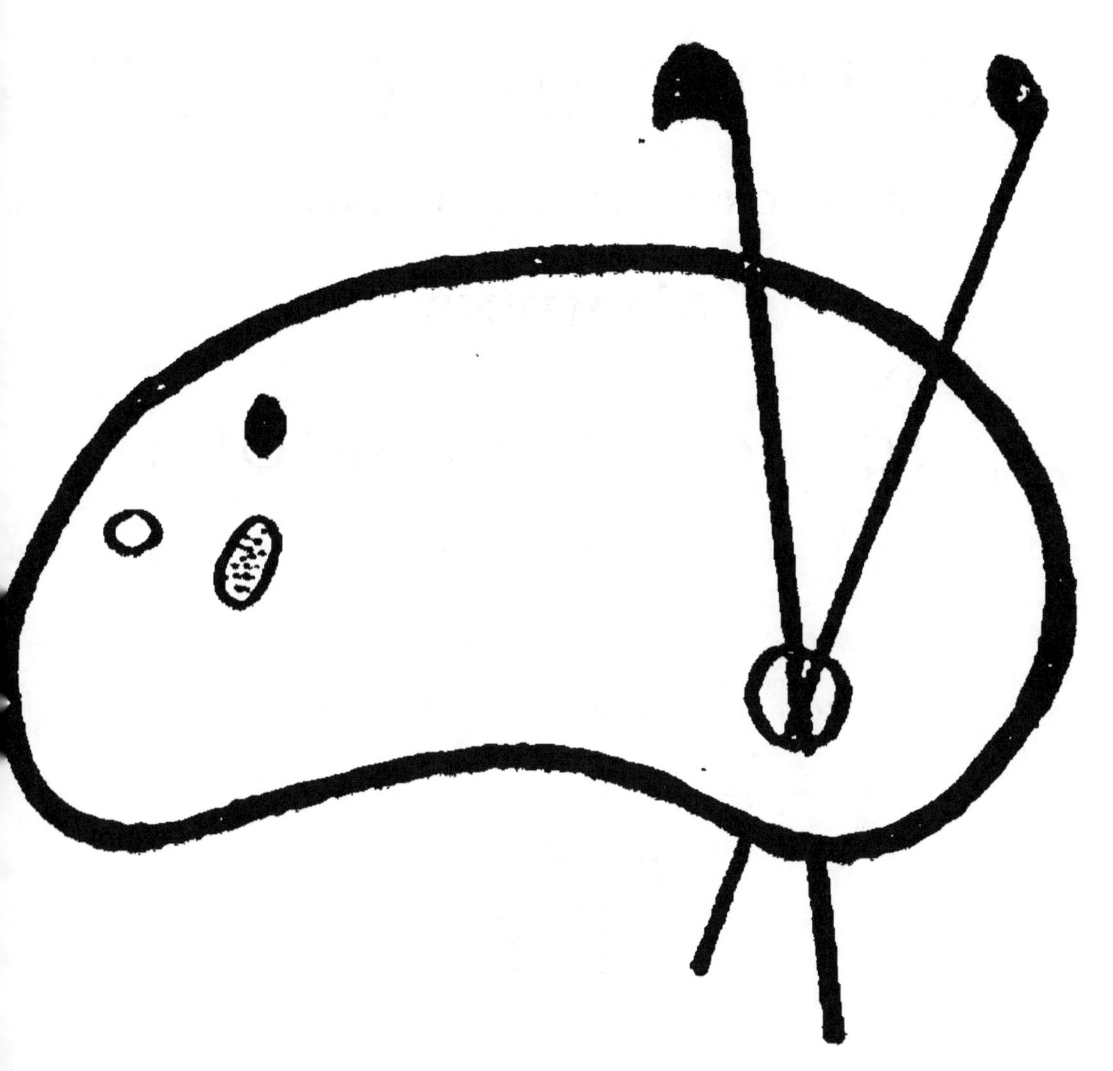

NOTRE-DAME DE FOY

IMAGE CONSERVÉE A LA CATHÉDRALE D'AMIENS

NOTICE HISTORIQUE

PAR

EDMOND SOYEZ

de la Société des Antiquaires de Picardie

AMIENS

IMPRIMERIE YVERT ET TELLIER

64, Rue des Trois-Cailloux et 10, Galerie du Commerce

M DCCC XCVII

Château de Celles (Belgique)
où fut primitivement conservée l'image de Notre-Dame de Foy.

NOTRE-DAME DE FOY (1)

I

Au diocèse de Namur, en Belgique, près de Dinant-sur-Meuse, il existe un village du nom de *Foy* ou *Foye* (2). Cette dénomination aurait été, dit-on, donnée à cette

(1) L'opuscule que nous présentons à nos lecteurs est en grande partie la reprodution d'un article publié par nous dans la *Semaine Religieuse d'Amiens*, le 14 Avril 1872; nous avons fait toutefois de nombreuses additions à notre travail primitif, nous servant principalement de la Notice consacrée par M. Ch. Salmon à Notre-Dame de Foy; nous avons également puisé dans plusieurs historiens locaux des détails que, nous l'espérons, on sera heureux de trouver réunis sur ces pages.

(2) D'après certains étymologistes, *Foy*, nom de lieu, serait le même mot que *Fay*, en latin *Fagetum*, *de Fagus*, hêtre, et indiquerait un endroit où cet arbre se serait trouvé en abondance.

localité parce qu'elle fut, pendant longtemps, un lieu de pélerinage très fréquenté : les personnes pieuses venaient en grand nombre y honorer la Sainte Vierge, en priant devant une image de Marie : elles obtenaient de grandes et signalées faveurs, récompense de leur confiance en l'intercession de la Mère de Dieu. Voici l'origine de ce concours de dévotion.

En l'année 1609, le 6 Juillet, un charpentier dépéçant le tronc d'un chêne récemment abattu, trouva dans l'intérieur une petite statue de la Vierge, portant l'Enfant Jésus dans ses bras. Cette statue avait probablement été placée à cet endroit à une époque déjà reculée. Creusée dans l'arbre même, la niche qui abritait la sainte image fut insensiblement recouverte par l'écorce, et les populations voisines avaient oublié l'agreste oratoire. Trois barreaux de fer tout oxydés, insérés dans le bois qui en croissant les avait fait disparaître, avaient servi de fermeture à la niche ; dans l'intérieur de l'excavation, près de la statuette, il y avait un certain nombre de petites pierres, claires et transparentes comme du cristal, et une tresse de cheveux, encore aussi bien conservés que s'ils venaient d'y être déposés. Ces objets étaient sans doute de naïfs *ex voto* jadis offerts par la piété des fidèles.

Cette trouvaille n'avait en soi rien d'extraordinaire ni de surnaturel. Les populations voisines, très religieuses, saisirent l'occasion de la découverte pour reprendre en ce lieu, avec une grande ferveur, l'exercice d'un culte spécial de la Sainte Vierge, culte trop longtemps oublié. Appliquée d'abord contre le tronc d'un chêne voisin, la statuette fut, après peu d'années, transportée pour être mise à l'abri des intempéries, dans la chapelle du château du baron de Celles, seigneur du village (1). Mais on voulait honorer Marie à l'endroit même où avait eu lieu la découverte de son image. C'est pourquoi une autre chapelle, de proportions modestes, fut construite par les soins, et probablement aux frais du sieur d'Enhes, fils du baron de Celles, sur l'emplacement de l'arbre dont le tronc recéla pendant longtemps la statue que la hâche du bûcheron avait rendue à la lumière. Le 21 Novembre 1618, le petit sanctuaire étant achevé et bénit, on y transféra solennellement l'image de Notre-Dame, en présence du clergé des environs, d'un grand nombre de

(1) Nous sommes heureux de pouvoir reproduire en tête de cette notice une vue du château de Celles, exécutée d'après une aquarelle qui nous a été obligeamment communiquée par M. R. de Guyencourt.

personnes de la noblesse, et d'une foule considérable accourue de Dinant et des villes d'alentour. Le prélat de Leffe présidait la cérémonie.

De là prit naissance un pélerinage qui ne tarda pas à attirer un immense concours de fidèles et qui, dit-on, est encore fréquenté de nos jours. On choisit, pour célébrer la fête principale annuelle le lundi de la Pentecôte. Ce jour là, un grand nombre de confréries se rendaient à Foy, bannières en tête ; une statue de la Vierge, taillée dans le tronc du chêne, était portée en procession. Cette statue existe encore ; Mgr l'Evêque de Liège, consulté il y a quelques années par l'auteur de l'un des ouvrages dont nous nous sommes servi pour la rédaction du présent opuscule (1), croit que l'image destinée à servir aux processions doit être distinguée de celle qui a été primitivement découverte par le bûcheron : celle-ci ne devait jamais quitter le sanctuaire : d'ailleurs, elle était, d'après un vieux livre, non pas en *bois*, mais en *terre dure comme la pierre*, et *d'une belle taille quoique de stature non pas beaucoup haulte*. La copie

(1) *Notice sur la statue miraculeuse de Notre-Dame de Foy, conservée dans la Cathédrale d'Amiens*, par Charles Salmon. — In-8°, p. 8.

reproduisait sans doute l'original avec une scrupuleuse fidélité.

Cependant l'importance du pélerinage qui avait commencé dès la découverte de la sainte image ne faisait qu'augmenter. C'est que des grâces nombreuses récompensaient la confiance des personnes pieuses qui venaient honorer Marie : à cette époque où les moyens de communication étaient peu faciles, on vit un jour réunis, aux pieds de Notre-Dame de Foy, douze mille pélerins, dont deux cents malades ou infirmes, venus là pour chercher consolation ou guérison. Pour recevoir cette affluence de visiteurs, il fallut bientôt songer à construire une église de proportions plus vastes. Grâce aux offrandes multipliées des pélerins, aux largesses des riches seigneurs, on put se mettre à l'œuvre, et le 8 Septembre 1624, l'Évêque suffragant de Liège, consacrait le nouveau temple et le mettait sous l'invocation de la Sainte Vierge. Le maître-autel, en marbre, était un don de Ferdinand de Bavière, évêque et prince de Liège : une inscription latine, gravée sur le retable renfermait ces mots caractéristiques : En l'honneur de Marie, Reine et Mère de la Foi, *ad honorem Dominæ fidei.*

La renommée du pélerinage de Notre-Dame

de Foy ne resta pas renfermée dans les limites du pays de Liège. On parla bientôt, jusque dans des contrées assez éloignées, des grâces insignes obtenues dans ce sanctuaire : cette publicité était due surtout à l'impression et à la rapide diffusion d'un petit livre dans lequel étaient racontés *dix miracles signalés et avérés juridiquement, arrivés pendant que l'image était dans la chapelle du château de Celles, et en moins d'un an, plus de trente, plus célèbres, arrivés depuis la translation de cette célèbre image en l'église qui lui fut construite* (1).

La dévotion et la reconnaissance firent naître chez les pélerins le désir de conserver quelque souvenir du lieu où ils avaient vu exaucer leurs prières. On recueillit des petites pierres semblables à celles trouvées dans le chêne auprès de la statue : on ramassait une grande quantité de ces pierres dans un champ voisin de l'endroit où l'arbre avait été planté. Ces pierres, de couleurs variées, étaient claires, transparentes, en forme de pointes de diamant. On en fit des colliers et de petits chapelets, qu'on portait avec dévotion, *car*, dit un vieil hagiographe, *il s'est fait beaucoup de*

(1) *Fidèle recueil et récit véritable...*, par le P. Bourdon, 1re partie, p. 135.

miracles en appliquant ou trempant dans la boisson des malades de ces pierres et des fragments du vieux chêne (1).

Les pèlerins cherchaient surtout à recueillir les débris de l'arbre qui pendant longtemps avait abrité la statue de la Vierge. Plusieurs personnes firent incruster quelques parcelles de ce bois dans des bijoux d'or ou d'argent. Ceux qui avaient pu se procurer des éclats plus considérables firent sculpter des figurines imitant plus ou moins fidèlement la statue trouvée dans le chêne. On faisait de même pour le bois du second arbre contre lequel avait été placée la statue après sa découverte.

Un grand nombre de ces copies échut aux églises des Pays-Bas, mais quelques unes parvinrent dans les provinces voisines. C'est ainsi que la Picardie s'enrichit de la petite statue actuellement conservée et honorée dans la Cathédrale d'Amiens, sous le nom de Notre-Dame de Foy.

Un père capucin de la province d'Artois donna un éclat assez considérable du précieux chêne à une pieuse demoiselle, Marie de Héron de Guil-

(1) *Fidèle recueil et récit véritable...*, par le P. Bourdon, 1re partie, p. 131.

merville, religieuse de l'Abbaye d'Estrun-lès-Arras. Celle-ci s'empressa d'utiliser le morceau de bois en faisant sculpter une statue de la Sainte Vierge, copie de Notre-Dame de Foy.

Quelque temps après, ayant été obligée de venir en France (1), cette religieuse passa par Amiens ; en reconnaissance de l'hospitalité qu'elle reçut dans cette ville chez une de ses tantes, damoiselles Jacqueline de Louvencourt, veuve de M. Nicolas du Bos, écuyer, sieur de Hurt, trésorier-général de France en la province de Picardie (2), la religieuse fit à sa parente présent de la statuette de Marie.

L'un des fils de Madame du Bos, Jacques du Bos, écuyer, sieur de Tasserville, contrôleur général des finances de Picardie, apprit à sa mère qu'un père jésuite du collège d'Hesdin, avait placé une autre statue de Notre-Dame de Foy dans une niche appliquée contre un arbre sur un grand chemin, au territoire de Canchy, près la forêt de Crécy, et qu'un grand nombre de personnes

(1) Après avoir successivement appartenu aux ducs de Bourgogne, à Charles-Quint et aux rois d'Espagne, la ville d'Arras fut définitivement conquise à la France par le maréchal de la Meilleraye, le 9 Août 1640, sous le règne de Louis XIII.

(2) Voir à l'Appendice les notes concernant la famille du Bos.

allaient honorer cette image ; plusieurs avaient obtenu des grâces signalées. Ce récit inspira à Madame du Bos la pensée de faire présent de sa statuette à un monastère d'Amiens, afin que les fidèles de cette ville pussent venir plus commodément la vénérer : elle fit choix du couvent des Augustins. Les religieux reçurent avec joie le précieux dépôt, et placèrent Notre-Dame de Foy dans leur église au commencement de l'année 1629.

II

La fondation du couvent des Augustins d'Amiens remontait au début du XIVe siècle ; leur ordre, créé à Mantoue près de cent ans plus tôt, possédait une maison à Paris en 1259, rue Montmartre, près la rue qui porte encore aujourd'hui, croyons-nous, le nom de rue *des Vieux-Augustins*. En 1301, Jehan de Nesle, troisième du nom, seigneur de Falvy et de la Hérelle accueillit à Amiens une communauté de ces religieux, qui désiraient s'établir dans notre ville. Il fit don pour la construction du nouveau monastère d'un terrain qu'il possédait non loin de la Cathédrale, au faubourg Saint-Michel, à proximité de la rivière du Hocquet. Ce terrain se trouvait alors situé hors des remparts, près de la porte des Arquets ou des Arcs, sur une place appelée place de la Voirie. La voie publique sur laquelle le couvent prit son entrée a, de même qu'à Paris, conservé jusqu'à nos jours le nom de rue des Augustins. L'emplacement du monastère qui faisait suite au jardin actuel des Dames du Sacré-Cœur est maintenant occupé par diverses constructions particulières et par la rue de Constantine.

En 1307, le fils de Jehan de Nesle, Jehan de Falvy, confirma la donation faite par son père aux Augustins d'Amiens ; en 1309, le roi Philippe-le-Bel leur octroya des lettres d'amortissement pour tous leurs biens immeubles. Le couvent s'engagea à payer annuellement 10 sous au Chapître de Notre-Dame, comme supérieur spirituel, et 40 sous au curé de la paroisse Saint-Michel sur le territoire de laquelle était assise la communauté.

L'église fut commencée en 1309, ainsi que la construction des lieux réguliers, dont on agrandit l'étendue par l'adjonction d'une petite rue.

Un grand désastre allait bientôt frapper les

Augustins : en 1358, les Navarrais, sujets du roi Charles le Mauvais (1), repoussés d'Amiens, se vengèrent de leur déroute en incendiant et ravageant les faubourgs de la ville. Le nouveau couvent ne fut pas épargné : presque toutes ses constructions furent détruites. Les religieux avaient noblement concouru à la défense de la ville ; deux d'entre eux perdirent la vie dans cette douloureuse circonstance, et l'ennemi en emmena six autres prisonniers.

Après avoir successivement tenté, mais en vain de rétablir leur couvent sur deux points différents de la ville (2), à l'intérieur des remparts,

(1) Pendant la captivité du roi Jean en Angleterre, Amiens fut désolé par la faction de Charles le Mauvais, roi de Navarre. Expulsés de la ville par le connétable de Fienne et le comte de Saint-Pol, les Navarrais se retirèrent en désordre et mirent le feu à un grand nombre de maisons situées hors de l'enceinte des murailles. — *Histoire d'Amiens* par le P. Daire, t. 1er, p. 221 ; *Histoire d'Amiens* par H. Dusevel, 2e édition, p. 155.

(2) Le Dauphin, qui devait être plus tard le roi Charles V, gouvernant au nom de son père, le roi Jean, captif en Angleterre, voulut indemniser les Augustins de la ruine de leur monastère, et les récompenser de leur belle conduite pendant le siège d'Amiens ; il leur concéda pour rétablir leur demeure une maison dite Hospice de Liénard le Sec, ou Hôpital Saint-Jacques ; cette maison sise *Chaussée au Bled*, avait été confisquée sur Jacques de Saint-Fuscien, capitaine de la ville, mis à mort pour *forfaiture*. Le Corps de ville s'opposa

pour se mettre à l'abri des incursions qui pourraient survenir postérieurement, les Augustins durent retourner dans le terrain qu'ils avaient occupé à l'origine de leur communauté et relever les ruines de leur monastère primitif.

A l'aide des secours qui leur furent prodigués, les religieux parvinrent peu à peu à réparer les désastres de la guerre. En 1386, ils commençaient la reconstruction de leur église. Achevée seulement en 1417, cette église n'était consacrée qu'en 1426 ; elle fut placée sous le vocable de saint Julien, martyr (qu'il ne faut pas confondre avec saint Julien, évêque du Mans).

Le vaisseau, très long, dépourvu de voûtes, était couvert en charpente robée en chêne, avec entraits et poinçons apparents. L'architecture, fort simple

à cette donation parce que l'édifice dont il s'agit était situé dans l'enceinte des murailles, assez resserrée à cette époque, et que la municipalité, pour la sûreté de la place, ne voulait y souffrir l'établissement d'aucun couvent considérable. Les Augustins, évincés, allèrent occuper l'ancien hôtel d'Epagny, qui devait, plus tard, devenir la demeure des Minimes. Encore tourmentés par le Corps de Ville, les Augustins, de guerre lasse et après avoir perdu contre les magistrats municipaux un procès au Parlement de Paris, se décidèrent à retourner dans leur ancien terrain. — V. Guerard, *Notice sur l'ancienne communauté des Augustins*, passim ; — Goze, *Histoire des rues d'Amiens*, idem.

d'ailleurs, appartenait au style ogival, tendant à se transformer en flamboyant. Le clocher, terminé en flèche très aigue, s'élevait sur la nef, à l'entrée du chœur. Il n'y avait qu'un seul bas-côté, à droite de la nef principale : il occupait, parait-il, la place exacte de l'ancienne église de 1309. Le portail faisait face à la rue du Puits-Vert, le chœur était tourné vers l'orient. A l'intérieur, les armoiries de Nesles, *de gueules semé de trèfles d'or, à deux bars adossés de même*, sculptées sur les blochets de la charpente, rappelaient les nobles fondateurs de la maison.

En 1485, on construisit à l'extrémité du bas-côté qui primitivement s'arrêtait sur la ligne de l'entrée du chœur, une grande chapelle voûtée en pierre ; en 1549, Antoine de Riencourt, seigneur d'Orival et de Bergicourt, et son épouse, Marie de Sacquespée, firent construire à la suite une autre chapelle, très richement décorée, peinte et dorée, avec leurs armoiries sur les clefs pendantes de la voûte. Ils la choisirent pour le lieu de leur sépulture, et ils y firent placer un groupe représentant l'ensevelissement de Notre-Seigneur.

L'église des Augustins reçut d'âge en âge de nombreux et riches embellissements. La conduite digne et patriotique des religieux en diverses circonstances périlleuses, leur avait valu beaucoup de témoignages de la reconnaissance publique (1). Au bas des verrières coloriées qui garnissaient les fenêtres brillaient les armoiries de plusieurs

(1) Durant l'occupation de la ville d'Amiens par les Espagnols, les Augustins donnèrent une preuve de leur patriotisme en prêtant leur couvent pour servir de lieu de rendez-vous à quelques bourgeois qui avaient formé une conspiration ayant pour but de faire rentrer la ville en la puissance du roi de France. Les conjurés, logés dans le monastère, se cachaient durant le jour entre la toiture du comble de l'église et le lambris formant voussure ; la nuit ils se réunissaient pour conférer de leurs projets, et les religieux prenaient part à ces conférences. Des armes furent secrètement apportées au couvent et la conspiration eut probablement obtenu un plein succès, sans un traître, Louis Delaboulle, qui appartenait à l'ordre des Augustins; ce moine dénonça les conjurés au gouverneur espagnol qui les fit arrêter, juger et pendre sur le Grand-Marché, au nombre de dix ou douze ; parmi ces victimes de leur patriotisme figurait un religieux augustin, Jacques Cordelon ; plusieurs religieux furent retenus prisonniers jusqu'à la reprise de la ville ; d'autres envoyés en exil. Il ne resta dans le couvent que l'infâme Louis Delaboulle, qui suivit les Espagnols à leur sortie d'Amiens et mourut plus tard à Bruxelles, où il s'était réfugié pour échapper à la juste punition de son crime. Le 11 Mars 1598, jour anniversaire de la surprise d'Amiens, les corps des malheureuses victimes de la conspiration, ensevelis derrière les ruines de l'abbaye de Saint-Jean, furent exhumés et rapportés dans l'église des Augustins, où on les enterra après un service solennel. — V. les différents historiens d'Amiens, et principalement le Docteur Goze, à qui nous avons presque textuellement emprunté la note que l'on vient de lire.

grandes familles amiénoises. Un beau bénitier de marbre portait l'écusson des Boulet ; sur la chaire paraissaient ceux de Jean de Sachy et de Marie de Revelois, les deux époux dont on admire l'élégant mausolée à la Cathédrale, près de la chapelle de Notre-Dame de Paix. Les stalles du chœur, ouvrage remarquable de menuiserie artistique, étaient surmontées d'un riche couronnement. Des lambris dorés recouvraient les murs de l'église : ils avaient été donnés par le roi Louis XIII ; on voyait, sculptées en plusieurs endroits de la boiserie, les armes du cardinal de Richelieu, ce qui prouverait que le grand ministre avait aussi fait sentir aux Augustins d'Amiens les effets de sa munificence. Dans le chœur, douze grands tableaux placés, six de chaque côté, entre les fenêtres représentaient différentes scènes de la vie de la Sainte Vierge et de celle de saint Augustin. Ces peintures, don du cardinal Mazarin, rappelaient le style de Stella, bon peintre lyonnais, et pouvaient, non sans vraisemblance, lui être attribuées. Reconstruit au commencement du XVIIIe siècle, le maître-autel était décoré d'un retable d'ordre composite, et d'un tableau représentant la *Descente de Croix*, copié d'après Lebrun par Gontier, peintre d'Amiens. Près de l'entrée du chœur on admirait une très belle statue de saint Fiacre, sculptée par Blasset ; représenté un livre à la main, le saint paraissait se tourner, pour faciliter sa lecture, du côté du jour venant d'une fenêtre voisine. Trois autels placés sur la même ligne étaient appuyés, les deux premiers, faisant face à la nef, contre la clôture du chœur, le troisième contre la muraille terminant le bas-côté. De ces trois autels, le mieux orné, celui qui attirait le plus l'attention des fidèles, moins par son mérite artistique que par l'attrait qu'il offrait à la dévotion, était celui qui reçut l'image de Notre-Dame de Foy, quand le couvent des Augustins se fut enrichi de ce précieux trésor.

III

D'après les anciennes descriptions, la disposition architecturale des trois autels parait avoir été identique, au moins quant aux principales lignes : ils avaient chacun un retable élevé, selon l'usage adopté au XVIIe siècle ; des colonnes corinthiennes supportaient un entablement, au-dessous duquel, au centre, était encadré un grand tableau : le tableau de l'autel au fond du bas-côté représentait Jésus en prière au jardin des Oliviers ; au retable de l'autel à gauche de l'entrée du chœur était une peinture figurant la Sainte Vierge et l'Enfant Jésus donnant la ceinture de sainte Monique (1) à Louis XIII et à son épouse Anne d'Autriche ; Jean Hémart, bourgeois d'Amiens, paraissait sur le tableau comme donateur : on voyait dans le lointain la Cathédrale et une partie de la ville. Le troisième autel, à droite, était celui de Notre-Dame de Foy.

Abritée par une petite niche en ébène rehaussé d'argent, la sainte image était enchassée dans le côté concave d'un demi-globe de marbre noir formant le milieu du sommet du retable : deux colonnes également en marbre noir soutenaient l'entablement qui servait de support et d'encadrement à la niche. Entre les colonnes, au centre du retable, il y avait un grand tableau dont nous aurons bientôt à parler avec détails. Devant l'autel étaient suspendues plusieurs lampes en argent ; la croix et les chandeliers étaient également en argent richement ciselé. Aux jours de fête, on mettait un parement fort riche, brodé

(1) Il existait aux Augustins une association pieuse sous le titre de Confrérie de sainte Monique.

par la duchesse de Montpensier, *la grande Mademoiselle*, qui en avait fait présent aux Augustins pour cet usage. On voyait attachés aux murailles, près de l'autel, des bras et des jambes en argent, attestant des guérisons miraculeuses. L'église entière était d'ailleurs tapissée d'*ex-voto* proclamant l'efficacité de l'intercession de Marie invoquée devant l'image conservée dans ce sanctuaire.

Dieu permit, en effet, que des prodiges aussi nombreux et aussi éclatants que ceux qui s'accomplissaient en Belgique au pied de la statue de Notre-Dame de Foy, fussent également opérés à Amiens, dans l'église des Augustins, en présence de la copie de cette Vierge miraculeuse. Peu de jours après que la sainte image eût pris place chez les religieux amiénois, Marie, en obtenant des guérisons et des faveurs signalées pour ceux qui étaient venus l'y implorer, fit voir qu'il lui était agréable qu'on la priât dans ce sanctuaire. Le nombre des grâces éclatantes fut bientôt considérable. La relation de ces faits extraordinaires parut d'abord dans une brochure peu volumineuse: mais, en 1633, le nombre des miracles allant toujours croissant, un religieux augustin du couvent d'Amiens, le P. Bourdon, fit paraître chez l'imprimeur Jacques Hubault, un volume in-12, intitulé : *Fidèle recueil et récit véritable des vœux faits et rendus pour les faveurs et graces admirables obtenues à l'Invocation de Nostre-Dame de Foy, servie et honorée en l'Eglise du couvent des Pères Augustins d'Amiens.* « *Je veux icy vous asseurer,* dit le pieux moine à ses lecteurs, *qu'en la seule Eglise sus dite des Pères Augustins, depuis le 3 May 1629 iusques à maintenant (1633), de compte faict l'on trouve enregistrez depuis trois ans plus de cent cures miraculeuses rapportées et vérifiées ou par ceux ou au nom de ceux qui reconnoissent avoir été guéris ou soulagés miraculeusement par les mérites et intercessions de la Vierge sacrée* (1). »

Cinquante ans après, un autre religieux, le P. François Charault, publia un petit volume de 66 pages qui n'est guère que le résumé de l'ouvrage du P. Bourdon ; il a pour titre : *Abrégé des merveilles que Dieu a opérées par l'Invocation de Notre-Dame de Foy, dont l'image miraculeuse est honorée dans l'Eglise des Augustins d'Amiens, depuis le mois de May 1629, qu'elles commencèrent à paroître.* — Amiens, Vᵉ Robert Hubault.

(1) *Fidèle recueil et récit véritable...*, 1ʳᵉ partie, pp. 174-175.

Nous ne nous arrêterons pas à reproduire le récit des prodiges relatés dans les publications des deux religieux ; le lecteur trouvera l'analyse de quelques uns des plus remarquables dans l'intéressant travail de M. Ch. Salmon (1). Nous ne pouvons toutefois omettre de mentionner ici deux faits qui eurent l'un et l'autre un très grand retentissement. Le premier est la résurrection d'un enfant mort-né, dont les parents portèrent le cadavre devant Notre-Dame de Foy ; les ferventes prières de toute la famille obtinrent à ce malheureux enfant la grâce de prendre vie pendant assez longtemps pour recevoir le baptême. Le second miracle consiste dans la préservation d'un jeune homme d'Amiens, Claude François, qui, sur le point de périr, entraîné dans la rivière par un cheval qu'il conduisait baigner, dut son salut à l'invocation de Notre-Dame de Foy ; ce pieux jeune homme entra plus tard en religion, et devint le Frère Luc, de l'ordre des Récollets ; son nom figure avec honneur parmi les illustrations picardes : artiste peintre, il a laissé des œuvres justement estimées.

(1) *Notice sur la statue miraculeuse de Notre-Dame de Foy conservée dans la Cathédrale d'Amiens.* — Amiens, in-8° 1878, Langlois, éditeur (Extrait du *Dimanche*, semaine religieuse d'Amiens).

Les miracles de Notre-Dame de Foy, canoniquement constatés par deux ordonnances de Mgr François Lefebvre de Caumartin, évêque d'Amiens, l'une en date du 4 Septembre 1629, l'autre publiée le 12 Novembre de la même année, augmentaient la dévotion envers la sainte image. L'évêque par le premier de ces actes, autorisa l'érection dans l'église des Augustins d'une confrérie de Notre-Dame de Foy ; l'église du monastère ne tarda pas à ajouter à son vocable primitif de Saint-Julien celui de la Vierge honorée sous le titre qui vient d'être énoncé. Un grand nombre de fidèles s'empressèrent de s'enrôler dans la nouvelle association qui compta bientôt parmi ses membres des personnes distinguées appartenant au clergé et à la noblesse de la province. La réputation de la Confrérie se répandit même au-dehors : des princes et des princesses se firent un honneur d'être admis dans ses rangs. Les rois et reines de France, toujours si dévoués à Marie, saisirent avec bonheur cette nouvelle occasion de lui témoigner leur respect. Louis XIII, Anne d'Autriche, Louis XIV, Marie-Thérèse son épouse, figurèrent au nombre des confrères. Pendant le séjour de la Cour à Amiens durant le siège d'Arras, Anne d'Autriche aimait à venir souvent prier aux Augustins aux pieds de la statue de Notre-Dame ; le cardinal de Richelieu assistait alors presque quotidiennement aux litanies qu'on chantait tous les jours devant la sainte image pour le succès des armées de la France.

Le Corps de Ville, durant la peste qui désola Amiens en 1634, se rendit à une messe solennelle célébrée par l'Évêque assisté de son Chapître à l'autel de la Confrérie. Une statue d'argent du poids de 25 marcs (1) apportée processionnellement dans l'égise par deux échevins perpétua le souvenir de la piété de nos magistrats en cette circonstance. D'autres donations attestèrent à différentes époques la reconnaissance et la dévotion de plusieurs illustres personnages envers Notre-Dame de Foy. Le maréchal de Chaulnes donna, pendant quatre ans, quatre gros cierges qui brûlaient tous les jours durant

(1) Cette cérémonie eut lieu le lendemain de la fête de l'Assomption. Au temps où écrivait Pagès, les Augustins avaient coutume les jours de fête, de placer au côté droit de l'autel de Notre-Dame de Foy la statue offerte par la municipalité en 1634 ; ils mettaient en pendant, au côté gauche, une autre statue de même grandeur, représentant saint Augustin en habits pontificaux. — Pagès, édit. L. Douchet, t. 1er, p. 265.

la messe ; sa femme allait souvent implorer aux Augustins l'assistance de la Mère de Dieu. Les Créquy, les de Brasse, les de Wailly, les Bézieux et bien d'autres (1), se mêlaient fréquemment à la foule qui remplissait le sanctuaire. La Confrérie de Notre-Dame de Foy subsista, nombreuse et prospère, jusqu'à la Révolution : sa fête principale était la Visitation, le 2 du mois de Juillet (2).

La fin du XVIIIe siècle amena les mauvais jours ; dès le début de la Révolution, la proscription s'étendit à toutes les communautés religieuses de la France entière : les Augustins d'Amiens ne purent échapper à la persécution générale. Les moines durent se disperser ; ils quittèrent leur pieux asile le 14 Décembre 1790 ; les bâtiments et terrains du monastère, confisqués au nom de la Nation, furent mis en vente ; le 16 Février 1791, ils étaient adjugés au sieur Lecaron pour la somme 30 600 livres en assignats et bientôt une manufacture de draps vint s'y établir (3). Plus

(1) C'est M. Salmon qui indique ces noms de famille dans son travail : nous ne nous portons point garant de leur authenticité.

(2) Le pape Urbain VIII, par une bulle datée de Sainte-Marie Majeure (1647) accorda à la Confrérie de Notre-Dame de Foy, d'Amiens, plusieurs faveurs spirituelles.

(3) Cette manufacture, qui avait pris une grande importance, fut visitée en Messidor An XI (27 Juin 1803), alors qu'elle

tard, la plupart des constructions lentement élevées par les Augustins furent renversées et firent place à des maisons particulières ; la rue de Constantine a été percée sur une partie de l'emplacement des bâtiments conventuels ; de l'église il ne reste plus trace (1) : elle avait été dévastée, spoliée et à demi ruinée dès le début de la Révolution. Arrachée de son sanctuaire profané, l'image de Notre-Dame de Foy dut à une circonstance qu'il est permis d'appeler providentielle d'échapper à la destruction : dédaignée à cause de la nullité de sa valeur intrinsèque, elle était tombée aux mains d'un enfant du quartier, qui l'avait probablement ramassée parmi les débris jetés à l'écart et s'en servait comme d'un jouet. Le sieur Moreau,

appartenait à M. Gensse-Duminy, par le Premier Consul Bonaparte. Charles X s'y rendit aussi durant son séjour à Amiens.

(1) Cette église s'élevait à peu près à la place de la maison qui porte le n° 6 dans la rue des Augustins ; un dessin de la façade a été publié par M. Guerard en tête de la notice insérée dans le tome 1er des Mémoires de la Société des Antiquaires de Picardie ; un autre dessin figure dans le *Vieil Amiens* ; ces deux croquis sont dus l'un et l'autre au crayon des frères Duthoit ; en les regardant, on est frappé de la ressemblance qu'ils présentent avec la façade de l'ancienne église des Cordeliers (paroisse Saint-Remy).

ancien bedeau des Augustins, plus tard bedeau de la Cathédrale, reconnut la sainte image : il donna quatre sous à son jeune possesseur, et devint ainsi propriétaire de la statuette. Ce brave homme remit son acquisition à M. Gamand, marguillier de la paroisse Saint-Michel : celui-ci tint le précieux dépôt soigneusement caché pendant la terreur.

A la réouverture des églises, M. Gamand donna la statue de Notre-Dame de Foy à M. l'abbé Duminy, ancien curé de Saint-Michel, qui l'exposa d'abord dans l'église de l'Oratoire, la première d'Amiens rendue au culte catholique après la Révolution. Après le Concordat, M. Duminy, mis provisoirement à la tête du clergé de la Cathédrale, dont il ne devait pas tarder à devenir le curé titulaire, apporta dans la basilique Notre-Dame de Foy. La statuette resta pendant longtemps exposée sur l'autel dédié à la Sainte Vierge sous le vocable de Notre-Dame de Pitié, à l'extrémité du bas-côté septentrional, à la gauche du chœur(1).

(1) Nous devons faire remarquer que ni Rivoire, auteur d'une description de la Cathédrale, publiée en 1806, ni Baron, à qui est due une autre description écrite en 1815 et encore inédite, ne font mention de la présence de Notre-Dame de Foy dans la basilique amiénoise ; peut-être l'un et l'autre n'attachaient-ils que peu d'importance à cette statuette.

En 1831, lors de la restauration de cette dernière chapelle, la statue de Notre-Dame de Foy fut transférée dans la chapelle des saints apôtres Pierre et Paul, à l'angle supérieur du transept méridional. Posée sur l'autel, elle était enfermée dans une sorte de petite cage carrée, vitrée sur le devant et sur les côtés, et sommée d'une toiture en bois doré ; des fleurs fanées et quelques ornements mesquins entouraient la sainte image qui n'attirait guère l'attention des fidèles et ne recevait que très rarement de leur part des marques de respect ; on avait oublié le concours de pèlerins qui se pressaient naguère dans l'église des Augustins et les grâces nombreuses obtenues jadis dans ce sanctuaire par l'intercession de Marie.

En 1863, un écrivain auquel l'histoire, l'hagiographie et l'archéologie religieuse de la Picardie sont redevables d'un grand nombre d'études et de travaux remarquables et d'une haute valeur, M. Charles Salmon, rédigea sur Notre-Dame de Foy une notice assez étendue ; il s'attacha principalement à raconter les miracles opérés à Amiens : son opuscule est le résumé des ouvrages des PP. Charault et Bourdon. Nous ne savons pour quelle cause la notice de M. Salmon ne fut publiée qu'en 1878. Mais nous avions pu obtenir de l'auteur communication de son manuscrit, et avec l'autorisation de M. Salmon nous en avions tiré la matière d'un article que M. le chanoine J. Corblet, alors rédacteur de la *Semaine Religieuse d'Amiens*, voulut bien insérer dans cette feuille, numéro du 14 Avril 1872 (1).

Nous avions signalé l'état d'oubli et d'abandon où se trouvait la statue de Notre-Dame de Foy, solitaire et délaissée, perdue en quelque sorte au milieu des splendeurs et de l'immensité de la basilique amiénoise ; nous émettions le vœu de voir se réveiller chez nos compatriotes une dévotion à laquelle la Sainte Vierge avait daigné pendant longtemps attacher de si précieuses faveurs. Ce vœu, que beaucoup de fidèles formaient avec nous, reçut enfin son accomplissement. Le 28 Septembre 1878 la statue de Notre-Dame de Foy était l'objet d'une translation qui devait être le point de départ d'une restauration de son culte : on la transportait dans une chapelle de la nef, la seconde que rencontre à sa droite le visiteur entrant dans la Cathédrale par le portail Saint-Christophe, et remontant vers le chœur en

(1) M. l'abbé Corblet reproduisit cet article dans le tome IVe de son *Hagiographie du Diocèse d'Amiens*, pp. 451 à 451.

suivant le bas-côté méridional. Cette chapelle est celle désignée sous le vocable de l'Annonciation.

Au jour ci-dessus mentionné, Monseigneur Bataille, évêque d'Amiens, célébra la messe à l'autel de cette chapelle, voulant inaugurer ainsi la nouvelle série d'hommages qui allaient être rendus au Seigneur en passant par l'entremise de sa Mère, honorée sous le même titre qu'elle avait été vénérée par nos pères au couvent des Augustins. Nous pensons intéresser nos lecteurs en terminant le présent travail par quelques notes historiques et descriptives sur celle des chapelles de la Cathédrale qui, depuis près de vingt ans, est devenue le sanctuaire de Notre-Dame de Foy.

IV

Cette chapelle paraît avoir toujours été consacrée au culte de la Sainte Vierge (1). Les

(1) Dans l'énumération des bénéfices de la Cathédrale, la chapelle de l'Annonciation était portée au nombre de celles qui n'appartenaient pas à l'Université, c'est-à-dire à la fondation primitive, remontant à l'année 1204, d'après le P. Daire, mais qui paraît en réalité dater de plus loin. Elle

anciennes descriptions nous apprennent qu'elle fut, dès son origine, placée sous le vocable de l'Annonciation : on la désignait aussi sous le nom de *Notre-Dame du Jardinet*, nous verrons pourquoi tout à l'heure.

De même que toutes les autres chapelles qui, au nord et au midi, bordent les bas côtés de la grande nef de la Cathédrale depuis la façade occidentale jusqu'au collatéral du transept, elle n'était point comprise dans le plan primitif de l'édifice Nous n'avons pas à apprendre à nos lecteurs que ces sanctuaires accessoires sont des appendices successivement ajoutés au vaisseau principal, et dont la construction qui dura un certain nombre d'années, ne date que du XIVe siècle (1).

comprenait, sous la même dénomination deux titres de chapelains créés l'un et l'autre le 11 [illegible]cembre 1456 par Messire Jean de Mailly, évêque de Noyon, du temps de l'épiscopat de Ferry de Beauvoir. Ces titres étaient l'un et l'autre à la présentation du marquis de Mailly, mais le premier était conféré par l'évêque d'Amiens, le deuxième par le Chapitre de Notre-Dame. — Darsy, *Bénéfices de l'Église d'Amiens*, t. 1er, pp. 62-63.

(1) La première chapelle qui ait été ajoutée à la nef de Notre-Dame d'Amiens en hors d'œuvre (les chapelles absidales font partie du plan primitif), parait être celle de Sainte-Marguerite, élevée à l'angle du transept méridional, sous

Le terrain de ces chapelles a été pris à l'extérieur de l'église, entre les contreforts, qui se trouvent ainsi enchâssés dans les murs de refend, et dont les profils, indiqués par les larmiers, sont encore parfaitement visibles à l'intérieur.

Le mystère de l'Annonciation est figuré à l'extérieur de l'église sur le trumeau qui sépare la chapelle dont nous nous occupons de la chapelle voisine, dédiée à saint Christophe, attenante au petit portail latéral qui fait face à la rue Porion. Le mur séparatif des deux chapelles est orné d'une arcature à double étage, simulant des fenêtres ; la division géminée, sert, dans l'étage inférieur, d'encadrement aux statues de Marie et de l'ange Gabriel annonçant à la Vierge de Nazareth qu'elle a été choisie de Dieu pour être la Mère du Sauveur. Ces deux statues reposent chacune sur un cul de-lampe représentant un personnage accroupi et grimaçant.

A l'étage supérieur, l'arcature renferme dans ses divisions deux anges qui paraissent converser ensemble. Peut-être faut-il reconnaître dans ces

l'épiscopat de Guillaume de Mâcon (1278 à 1308). — Les deux dernières, qui bordent le bas-côté du nord, au pied de la tour des bourdons, eurent pour fondateur le cardinal Jean de la Grange (1373 à 1375).

deux anges les saints Michel et Raphaël qui, avec Gabriel, figuré dans la partie inférieure, sont les seuls d'entre les esprits bienheureux dont l'Eglise ait inséré les noms dans sa liturgie. Les statues des anges sont posées sur des piédestaux.

La fenêtre qui éclaire la chapelle occupe toute la hauteur à partir du larmier, amortissement d'un mur de moyenne élévation, jusqu'à la voûte. Elle est divisée par deux rangées d'arcatures superposées, au nombre de six par étage ; chaque arcade se termine par un trilobe peu accentué. La deuxième rangée arrive jusqu'à la naissance de l'arc en tiers-point, qui forme le ceintre de la fenêtre. Cette ogive est remplie par des quatre-feuilles qui sont placés trois sur le premier rang et deux au-dessus. Des trèfles garnissent les intervalles des quatre-feuilles.

Les vitraux peints qui remplissaient autrefois ces baies ont depuis longtemps disparu et sont remplacés par des verres blancs avec une maigre bordure formée de débris d'anciennes verrières. Mais dans le haut de la fenêtre, au milieu de l'un des compartiments on remarque encore un écusson à peu près intact : le docteur Goze le blasonne ainsi : *Semé de France à la fasce d'argent chargée de quatre tourteaux d'azur* ; ce sont les armes d'André ou *Drieu* Malherbe qui fut Maïeur d'Amiens en 1292 (1) et mourut au mois de Juillet 1295.

(1) *Drieu* ou *Andrieu* (André) Malherbe, riche bourgeois d'Amiens, laissa par son testament aux maïeur et échevins de la ville le *tonlieu* de la guède qu'il avait acquis en 1291 : il imposa au corps municipal en retour de cette donation à laquelle s'ajoutaient beaucoup d'autres legs, plusieurs charges importantes entre autres celle de fonder une chapelle dans la Cathédrale. — Toutefois la *construction* de la chapelle de l'Annonciation parait devoir être distinguée de cette *fondation*. — D'ailleurs, l'écu peint sur verre de Drieu Melherbe occupe-t-il encore sa place primitive et n'a-t-il pas été rapporté d'ailleurs ? — Drieu Malherbe et Engerrand de St Fuscien, aussi maïeur d'Amiens, avaient été les donateurs des vitraux des trois grandes fenêtres de la nef à main gauche en entrant, au-dessus du triforium ; ces verrieres portaient leurs écussons — Cf. La Morlière, *Antiquitez...* p. 286 ; Pagès, Ed. L. Douchet, t. V, p. 84 ; Janvier, Livre d'or..., p. 13 ; *Bulletin de la Société des Antiquaires de Picardie*, t. IV, p. 292, etc., etc. — Pour ceux de nos lecteurs qui ne seraient pas familiers avec les termes usités au moyen-âge, il ne sera peut-être pas inutile de donner ici l'explication du mot *tonlieu* employé au commencement de cette note : ce mot vient de la basse latinité, *telon*, *telonium*, *tonlium* ; il indiquait un impôt prélevé sur les marchandises que l'on transportait par terre ou par mer. — La *guède* ou *waide* était une plante employée pour la teinture, et que l'on cultivait beaucoup aux environs d'Amiens. Les marchands de guède firent construire à leurs frais, ainsi que l'attestent une inscription du XIVe siècle et un groupe fort curieux, celle des chapelles de la Cathédrale, contiguë à la chapelle de l'Annonciation, en remontant du portail vers le chœur.

La voûte de la chapelle, de même que les voûtes des quatre ou cinq premières chapelles à droite et à gauche de la nef, présente des combinaisons gracieuses par l'entrecroisement des nervures, des ogives, des liernes et des tiercerons.

L'autel était primitivement appuyé contre le mur de refend, du côté de l'orient, de manière à se trouver dirigé dans le même sens que le maître-autel ; il en était de même dans toutes les autres chapelles de la nef, ainsi que l'attestent les descriptions et les anciens plans (1). Cette disposition a été conservée à Notre-Dame de Paris et dans un grand nombre d'autres églises.

Au dire de Pagès (2), une inscription gravée sur l'autel de la chapelle de l'Annonciation, encore lisible quand le chroniqueur amiénois rédigea ses mémoires, portait que cet autel avait été bénit le 7 Février 1383. De Court place cette bénédiction en 1378 ; Rivoire et Gilbert qui n'avaient point

(1) Notamment un fort beau plan de la première moitié du XVIIIe siècle, qui appartient à l'auteur de cette notice.

(2) MMs. de Pagès, édit. L. Douchet, t. V, p. 529 ; nous croyons qu'il ne sera pas inutile de reproduire ici le passage de Pagès : — La confrérie de l'Annonciation de la Très-Sainte Vierge, dite de Notre-Dame du Jardinet, établie dans une des chapelles de la Cathédrale qui en porte le nom, est la plus ancienne de toutes celles qui ont leur siège dans cet auguste

vu l'inscription indiquent la même année que De Court, mais ils mettent la cérémonie au 7 Avril. Baron, dans sa description encore inédite de la Cathédrale, description qui fut rédigée au commencement du XIX° siècle, adopte la même version que Rivoire et Gilbert.

Quoiqu'il en soit, l'autel avait été élevé par les soins et aux frais des membres de la Confrérie communément désignée sous le nom de Notre-Dame du Jardinet. Cette pieuse association avait son siège dans cette chapelle : elle parait avoir été établie très anciennement dans la Cathédrale ; elle célébrait sa fête principale au 25 Mars, étant sous le vocable de l'Annonciation ; le nom de confrérie du *Jardinet* lui fut attribué parce que le tableau qui décorait l'autel dont nous parlons

temple ; une inscription gravée sur l'autel de cette chapelle où se tient cette confrérie, est conçue en ces termes :

En 1382 fut chet autel bénite le 7e iour de febvrier et furent chy mises reliques de par les confrères, adons estoient maistre Robert le Barbier, J. de Rainchevat, J. de Waiffy, Ricard Pétar, dit ocellier et hanapier.

Depuis on choisit tous les ans pour maîtres de cette confrérie un procureur et trois marchands tant en gros qu'en détail qui ne peuvent refuser la charge.

représentait l'ange saluant Marie dans un jardin entouré d'une haie, par allusion à l'*hortus conclusus* de l'Écriture, symbole de la virginité de la Mère de Dieu.

Du côté de la nef, la chapelle était fermée par une clôture percée d'une porte. Cette clôture fut construite, ou plus probablement renouvelée à la fin du XVIe siècle. Elle était en pierres blanches, rehaussées de dorures. Entre les panneaux ajourés se trouvaient des colonnes corinthiennes cannelées reposant sur des piédestaux qui portaient sculptées en bas-relief les images des quatre Pères de l'Église latine. Dans les intervalles de ces piédestaux il y avait d'autres bas-reliefs représentant des musiciens jouant différents instruments et accompagnant des chanteurs. C'était une allusion aux fonctions que remplissait le donateur Maître François Couvrechef, prêtre chapelain et maître de musique de la Cathédrale. L'un des bas-reliefs représentait cet ecclésiastique donnant la leçon de chant aux enfants de chœur. Une inscription commémorative rappelait la date et les circonstances de l'érection :

A ton honneur Vierge pure
Me François Couvrechef
Du puis le Maitre et le Chef
Fit bastir cette clôture. 1591.

François Couvrechef occupait en 1591 la maîtrise de la Confrérie de Notre-Dame du Puy. Ce fut probablement à cette occasion qu'il avait fait construire la façade de la chapelle du Jardinet. Le tableau, qu'en raison de ses fonctions de Maître du Puy, il était tenu d'offrir à la Cathédrale, avait sa place au sommet et au centre. Dans ce tableau, Me Couvrechef était représenté en habit de chœur, agenouillé devant la Vierge tenant son Divin Fils dans ses bras. Selon la coutume de la Confrérie du Puy, le refrain palinodial du Maître était inscrit sur la peinture ; cette devise, ainsi conçue :

VOIX ACCORDANT LE CIEL AVEC LA TERRE

faisait allusion aux fonctions de maître de musique, exercées par le donateur, et à la *voix* de la Sainte Vierge, dont la parole, par le consentement de Marie au Mystère de l'Incarnation, a accordé le ciel avec la terre, c'est-à-dire, réconcilié l'homme avec Dieu.

Plusieurs autres tableaux, appliqués contre les murailles, décoraient l'intérieur de la chapelle. Le souvenir de l'un d'eux nous a été conservé par l'auteur d'une ancienne description. Le sujet de la peinture était la tentation de saint Antoine.

L'artiste, s'abandonnant à toute la fantaisie naïve des vieux âges n'avait pas craint de représenter parmi les figures étranges et diaboliques qui venaient troubler le pieux cénobite et essayer de l'arracher à ses dévotes oraisons, trois *cochons* revêtus de la chape traînante des prélats.

Au XVIIIe siècle, la décoration intérieure de toutes les chapelles de la cathédrale fut entièrement renouvelée ; le P. Daire, se faisant l'interprête du sentiment général de ses contemporains, écrivait dans son *Histoire de la Ville d'Amiens* (1757) (1) « que les clôtures de ces chapelles ne faisoient que les obscurcir et que le bon goût commençoit à les remplacer par des grilles de fer ».

Déjà Mgr de la Motte avait entrepris la reconstruction du maître-autel et la transformation complète du sanctuaire en faisant abattre les mausolées qui l'entouraient et les murailles surmontées de groupes sculptés qui dérobaient aux fidèles la vue des cérémonies. Les chanoines suivaient à l'envi l'exemple du prélat et ils employaient les dons de leur munificence à mettre les chapelles de la nef en harmonie avec le

(1) *Histoire de la Ville d'Amiens*, par le P. Daire, t. II, p. 105.

nouveau système décoratif, qui était, du reste, appliqué depuis quelques années dans presque toutes les églises de France.

La chapelle de l'Annonciation dut au chanoine Horard (1) le changement de sa disposition, changement qui fut effectué en 1765. Une grille de fer forgé, aux élégants rinceaux, remplaça la façade de pierre de François Couvrechef et permit au spectateur placé dans le bas-côté, d'apercevoir aisément tout l'intérieur de la chapelle (2). Un lambris de chêne sculpté, style Louis XV, recouvrit les murailles. Elevé sur deux degrés, le nouvel autel, en forme de console, orné dans sa partie antérieure d'un bas-relief représentant Jésus-Christ donnant le pain eucharistique aux disciples d'Emmaüs fut adossé contre le mur du fond, sous la fenêtre, en face de la porte d'entrée ; pour retable on lui donna une sculpture due au ciseau d'un grand artiste amiénois, Nicolas Blasset.

(1) L'abbé Joseph Horard, reçu chanoine de la Cathédrale d'Amiens le 8 Janvier 1719, mourut le 9 Mai 1765 ; c'est probablement par une libéralité testamentaire qu'il assura le renouvellement de la décoration de la chapelle de l'Annonciation.

(2) Au-dessus de la porte, dans le couronnement de la grille, un cartouche contient les deux lettres A M entrelacées : allusion au vocable de la chapelle.

Cette œuvre, datant du XVIIe siècle, appartenait déjà à la Cathédrale : elle avait été offerte en 1655 comme présent de maîtrise à la Confrérie de Notre-Dame du Puy, par Antoine Pièce, sieur de Bours, bourgeois d'Amiens (1). Elle fut primitivement appliquée contre l'un des piliers isolés de la nef, le quatrième à gauche de l'entrée. C'est un bas-relief en marbre blanc formant camée sur un fond de marbre jaspé de nuance rougeâtre. Le sujet représenté est l'Annonciation : Marie est agenouillée sur un prie-dieu, les mains croisées devant la poitrine ; elle s'incline en présence de l'ange qui, tenant d'une main une branche de lys, fait de l'autre le geste de bénir. Porté sur un léger nuage, le messager céleste salue la Mère du Verbe Incarné ; il est vêtu d'une robe amplement drapée et sur sa poitrine se croisent deux bandelettes qui paraissent devoir figurer une étole (certains critiques reprochent à cet ornement de trop rappeler les buffleteries des grenadiers d'autrefois). Dans la partie supérieure est un médaillon circulaire encadrant le buste du Père Eternel s'appuyant sur la boule du monde, et dirigeant ses regards vers Marie, à qui il donne

(1) Voir à l'appendice, Notes historiques sur la famille Pièce.

sa bénédiction. Entre ce médaillon et la Vierge, l'Esprit-Saint sous la forme d'une Colombe descend vers la Vierge qui va devenir la Mère du Fils de Dieu. Un rayon d'or, parti du nuage d'où émerge le Tout-Puissant effleure le front de la Vierge Immaculée.

Toute la scène de l'Annonciation est circonscrite dans un cadre de marbre noir veiné de blanc mesurant 1 mètre 34 centimètres de largeur sur 1 mètre 57 centimètres de hauteur. Le médaillon du Père Eternel occupe le tympan d'un fronton triangulaire également en marbre noir : il dépasse de moitié la partie inférieure de ce fronton et la figure du Saint-Esprit se détache en plein sur le fond de marbre rouge.

Sur le cadre, au bas du tableau, entre l'ange et la Vierge on lit le refrain palinodial faisant allusion au nom du donateur :

PIÈCE SANS PRIX, VIERGE ET MÈRE SANS TACHE.

Enfin, au bas, dans un cartouche semi-circulaire formant cul-de-lampe est gravée sur marbre blanc cette inscription :

VIENT D'ANTOINE PIÈCE, MAISTRE DE LA CONFRÉRIE DE NOSTRE-DAME DU PUY ET DE FRANÇOISE DECOURT,

SA FEMME ; PRÉSENTÉ A LA GLORIEUSE VIERGE EN 1655, CENT TROIS ANS APRÈS QUE LE BISAÏEUL DU DIT PIÈCE A ÉTÉ MAISTRE DE LA MÊME CONFRÉRIE (1).

Le bas-relief offert par Antoine Pièce peut assurément être mis au nombre des bons ouvrages de Blasset ; il n'a pourtant pas échappé à la critique autorisée de deux archéologues éminents ; MM. les chanoines Duval et Jourdain dans leur beau travail sur les stalles de la Cathédrale d'Amiens, travail qui est et restera l'une des meilleures études iconographiques de notre siècle, ont porté sur l'Annonciation de Blasset un jugement sévère (2), auquel malgré tout notre respect pour la compétence esthétique de ces auteurs, nous ne pouvons souscrire sans réserve. D'ailleurs, tout l'ensemble de la décoration

(1) Un dessin authographié d'après l'original de Duthoit et représentant l'Annonciation offerte par Antoine Pièce a été publié par MM. Bazot et Janvier dans le bel album qu'ils ont consacré à l'Œuvre de Blasset ; nous sommes heureux de pouvoir offrir à nos lecteurs une héliogravure de ce même bas-relief, d'après un cliché photographique de M. J. Roux. — M. A. Dubois, dans son intéressante étude sur N. Blasset a reproduit l'acte passé entre Antoine Pièce et le sculpteur pour l'exécution du groupe de l'Annonciation. La quittance de Blasset est du 16 Avril 1656.

(2) *Les Stalles de la Cathédrale d'Amiens*, édit. de 1843, grand in-8°, p. 318.

actuelle de la chapelle de l'Annonciation, de même que l'ornementation des autres chapelles de la nef, exécutée au XVIIIe siècle, suivant le goût de l'époque, est en désaccord avec le style architectural de la Cathédrale ; cela n'empêche pas que prise en elle-même, et abstraction faite de l'édifice, cette ornementation soit loin d'être dépourvue de mérite. Voici sur ces œuvres que quelques uns appellent dédaigneusement disparates et condamnent à la destruction, le jugement d'un autre archéologue qui, lui aussi, se montre parfois sévère, mais nous paraît en cette circonstance avoir exprimé une idée fort juste :

« Le décor des chapelles (de la Cathédrale d'Amiens) autres que celles qui contournent l'abside, ne nuit pas à l'architecture du monument ; il est intéressant d'avoir dans un si vaste édifice. de bons modèles des styles de diverses époques... Il est prudent d'adopter la réserve du Comité historique des Arts et Monuments qui propose la conservation des œuvres d'une époque qui n'est pas celle du monument principal, lorsque ces œuvres ne nuisent pas à l'ensemble de l'architecture et qu'il est difficile de les remplacer par d'autres d'une meilleure composition (1). »

(1) *Description de la Cathédrale d'Amiens*, par le Dr Goze, 2e partie, Intérieur, p. 26.

V

Le motif qui fit choisir la chapelle de l'Annonciation pour la transformer en sanctuaire de Notre-Dame de Foy à la Cathédrale d'Amiens, a été inspiré par une pensée aussi juste que pieuse. C'est, en effet, dans le Mystère de l'Incarnation du Verbe, par l'acquiescement aux paroles de l'Ange que Marie donna la preuve la plus éclatante de sa *Foi* en la Toute-Puissance de Dieu, qui allait accomplir en Elle et par Elle de si grandes choses ; il était donc tout naturel que l'image honorée jadis aux Augustins reçut, sous le même vocable, les marques du respect des fidèles dans une chapelle qui avait été spécialement construite pour glorifier l'Annonciation.

Sans modifier la décoration de cette chapelle, on s'efforça de l'approprier à sa nouvelle destination. La petite et mesquine cage vitrée qui, depuis la Révolution, abritait la statue de Notre-Dame de Foy, fut remplacée par un édicule en bronze doré dont l'aspect annonce qu'il renferme un objet destiné à attirer la respectueuse attention des fidèles. La statue de Notre-Dame de Foy, en bois bruni par le temps, n'a pas plus de vingt-deux centimètres de hauteur. La Vierge a sur la tête une couronne ouverte : elle porte sur le bras droit le Divin Enfant. Cette statuette n'est pas assurément une œuvre très remarquable, néanmoins l'exécution artistique est satisfaisante : on retrouve dans ces figurines de Marie et de Jésus enfant quelque chose de la naïveté des anciens entailleurs d'images. C'est le lundi 8 Décembre 1879, vingt-cinquième anniversaire de la promulgation solennelle du dogme de l'Immaculée Conception par le pape Pie IX, que la statue de Notre-Dame de Foy fut placée dans le reliquaire qui allait désormais l'abriter à la Cathédrale d'Amiens.

L'édicule, de forme ronde, rappelle par son ornementation le style architectural du XIIIe siècle. La partie antérieure est garnie d'un cristal demi-cylindrique qui permet d'apercevoir la sainte image ; ce cristal peut glisser sur des rainures et rentrer dans la partie postérieure du tabernacle. Celui-ci a pour toiture un dôme hémisphérique, décoré d'ornements en relief, et surmonté d'un crucifix. La statue miraculeuse repose sur un piédestal carré en cuivre, orné de colonnettes avec chapiteaux délicatement ciselés. Sous les pieds de la Vierge brille le croissant symbolique, argenté comme les douze étoiles qui servent d'auréole à la Reine du ciel. Derrière Marie est une gloire rayonnante aù revers de laquelle on a gravé l'inscription suivante :

Humilis hæc imago
Beatæ Mariæ Virginis
Propter nomen loci
A quo originem cepit et cultum
Dicta
Notre-Dame de Foy
Ab anno mdcxxix
Usque ad tempora perturbationis gallicæ
Ambiani
Apud conventuales Sti Augustini eremitas
In honorem habita
Et nonnulis adaucta miraculis
Nunc
E loco oblivionis assumpta
Anno mdccclxxix
Instauratur
Et in piis supplicationibus
Dicitur
Mater Fidei (1).

(1) *Cette humble image de la Bienheureuse Vierge Marie, appelée Notre-Dame de Foy, du nom de l'endroit d'où elle tira son origine et où commença son culte, a été vénérée depuis l'année 1629 jusqu'à l'époque de la Révolution française chez*

Sur quatre piédestaux posés diagonalement à droite et à gauche de la partie antérieure du socle de Notre-Dame de Foy, se dressent quatre statuettes très bien modelées. A droite on voit l'archange saint Michel, patron de la paroisse sur le territoire de laquelle était situé le couvent des Augustins d'Amiens. Au pied de l'Archange on lit ces paroles que saint Michel est censé adresser à la Sainte Vierge :

CUNCTAS HÆRESES SOLA INTEREMISTI (1).

Plus bas, du même côté, la statue de saint Augustin rappelle les religieux dans l'église desquels des miracles ont été opérés par l'intercession de Notre-Dame de Foy : le saint excite les fidèles à la confiance. L'inscription placée au-dessous est ainsi conçue :

HABETE FIDEM DEI — CREDITE QUIA ACCIPIETIS (2).

A gauche, la statue de sainte Elisabeth, mère de saint Jean-Baptiste, fait allusion à la fête de la

les religieux de l'Ordre des Ermites de Saint-Augustin à Amiens où elle a été illustrée par plusieurs miracles. Maintenant tirée de l'oubli, elle est placée ici en 1879 et appelée par de pieuses supplications Mère de Foi.

(1) *Seule vous avez détruit toutes les hérésies.*

(2) *Ayez foi en Dieu — Croyez que vous recevrez (ce que vous demandez).*

Visitation, fête patronale de l'ancienne Confrérie établie aux Augustins. Sur le socle sont gravés ces mots :

BEATA QUÆ CREDIDISTI (1).

Enfin, plus bas, du même côté, la statue de saint Firmin le martyr, patron du diocèse, a pour but de recommander aux fidèles la conservation de la foi que le saint apôtre est venu apporter à leurs ancêtres :

STATE IN FIDE — VIRILITER AGITE (2).

Les proportions de ces quatre figures sont en rapport avec celles de la Vierge.

L'édicule a été offert par la pieuse libéralité de quelques fidèles : il sort des ateliers de M. Poussielgue-Rusand, orfèvre à Paris, et fait honneur au talent de cet habile artiste à qui la Cathédrale d'Amiens doit déjà l'autel en cuivre de la chapelle du Sacré-Cœur et le reliquaire en vermeil du Chef de saint Jean-Baptiste, copie exacte de celui qui avait jadis été donné par la reine Isabeau de Bavière.

(1) *Bienheureuse, vous qui avez cru.*

(2) *Soyez fermes dans la foi — Agissez courageusement.*

Aux justes éloges que mérite l'Œuvre de M. Poussielgue pour le fini et la perfection de la ciselure des figurines et la grâce du dessin des ornements, nous sera-t-il permis de mêler quelque critique ? A notre avis, la masse de l'ensemble rappelle trop les pendules du premier empire. De plus, ce reliquaire présente un grave inconvénient : le miroitement du jour sur la partie convexe du cristal de la devanture ne permet que difficilement aux fidèles placés à distance contre la grille de la chapelle d'apercevoir l'image de la Vierge, laquelle est un peu effacée d'ailleurs par le voisinage des statuettes, qui se confondent trop avec elle. Nous eussions préféré que la statue de Notre-Dame de Foy se présentât seule dans une niche placée au centre d'un petit portique de marbre ou de marqueterie, avec bronzes dorés, portique rappelant par sa disposition et son ornementation l'architecture qui décore la partie supérieure du mausolée de De Sachy, près la chapelle de Notre-Dame de Paix. Œuvre de Blasset, ce mausolée est précisément contemporain, ou à peu près, de l'arrivée à Amiens de la statue miraculeuse.

Dans l'église des Augustins, le lecteur l'a vu plus haut, la statue de Notre-Dame de Foy était exposée au sommet du retable de l'un des autels latéraux qui flanquaient l'entrée du chœur. A juger d'après les dimensions du tableau du Frère Luc, qui occupait la partie centrale, ce retable devait avoir une élévation assez considérable : il atteignait probablement, si même il ne les surpassait, les proportions du bas-relief de Blasset, à la Cathédrale ; n'aurait-il pas été possible d'agencer au-dessus du fronton triangulaire qui surmonte ce bas-relief un édicule conçu dans le style que nous venons d'indiquer et d'y placer la statue de la Vierge ? Nous croyons que l'on aurait ainsi remplacé avantageusement les ornements appliqués après coup au-dessus de ce fronton, ornements qui sont loin d'ajouter à sa grâce. Notre-Dame de Foy eût été ainsi plus en vue, et la partie inférieure de la sculpture de Blasset ne serait pas masquée comme elle l'est actuellement : en effet, le reliquaire de bronze doré, posé sur une sorte de guéridon en chêne sculpté, atteint presque le tiers du bas-relief, et le pied, en forme de colonnette trapue, empêche de lire facilement l'inscription commémorative du don d'Antoine Pièce.

L'autel a reçu une nouvelle et élégante garniture de chandeliers, candélabres et girandoles, Deux couronnes de lumière, deux grands candélabres (1) et une lampe centrale, grâce à de pieuses libéralités, donnèrent bientôt de l'éclat à la décoration de la chapelle. Tous ces objets, en bronze doré, sont fort riches ; ils sont supportés par des piédestaux en chêne sculpté ; deux appuis de communion, également en chêne, sont posés devant l'autel (2). On ne peut que décerner des éloges à tout cet ameublement ; il a très certainement un mérite intrinsèque et atteste le réveil de la dévotion des Amiénois envers Notre-Dame de Foy ; mais n'est-il point regrettable que l'on n'ait pas cherché à mettre en harmonie ces accessoires avec le style de l'autel, des boiseries qui tapissent les murs latéraux de la chapelle et avec celui de la grille qui en forme la clôture ?

Un autre don a été fait à la chapelle de Notre-Dame de Foy : c'est celui de deux tableaux de grande dimension, peints sur toile, et placés en regard l'un de l'autre contre les murs de refend, au-dessus du lambris de chêne. Ces deux peintures

(1) Ces candélabres ont été offerts par M. Auguste du Bos, descendant de Madame du Bos, qui, au XVIIe siècle fit présent de la statue de Notre-Dame de Foy aux Augustins.

(2) Tous les objets modernes en menuiserie placés dans la chapelle de Notre-Dame de Foy sortent des ateliers de M. Fruchard, entrepreneur à Amiens.

sont l'œuvre d'un artiste qui n'était pas originaire d'Amiens, mais qui a longtemps habité notre ville où il avait en quelque sorte acquis droit de cité : M. Désiré Le Tellier, lequel a dirigé avec distinction l'École Municipale des Beaux-Arts de la ville d'Amiens (1).

L'une de ces toiles, celle placée du côté de l'épître, est une très bonne copie du tableau par lequel le Frère Luc voulut exprimer à Notre-Dame de Foy la vivacité de sa reconnaissance pour la grande grâce qu'il avait obtenue en invoquant son intercession, lorsqu'aux jours de son adolescence il avait miraculeusement échappé à la mort.

Claude François était natif d'Amiens : il avait pour parents Mathieu François, maître saieteur, demeurant en la rue Neuve, paroisse Saint-Michel (aujourd'hui rue de l'Amiral Courbet), et Perrette Prieur. Le 25 Avril 1630, étant âgé d'environ seize ans, le jeune garçon conduisait un cheval à l'abreuvoir, près du Pont du

(1) Né à Frévent (Pas-de-Calais), le 23 Mars 1809, M. Désiré Le Tellier mourut à Amiens le 16 Mai 1887. Outre les deux tableaux de la chapelle de Notre-Dame de Foy, la Cathédrale possède une autre œuvre de M. Le Tellier : *Jésus mis au tombeau*, copie d'après le Titien, qui forme la XIVe station de la série des tableaux du Chemin de la Croix.

Maulcreux (non loin du Jardin des Plantes actuel). La monture perdit pied et bientôt entraîna le cavalier inexpérimenté sous la grille et entre les poteaux de la barrière qui fermait le pont. Le péril était imminent : François invoqua Notre-Dame de Foy, la suppliant de lui sauver la vie ; par un véritable prodige, cheval et cavalier traversèrent sains et saufs le barrage. Le danger était conjuré, mais la reconnaissance du jeune homme envers sa sainte protectrice devait se traduire par une marque éclatante. Claude François alla tout d'abord en l'église des Augustins « *rendre grâces pour un bénéfice tant signalé et que personne ne peut désavouer (qui a veu et cogneu l'endroit où cette action s'est passée) que ce ne soit un ouvrage de Dieu et un effet de sa Toute-Puissance* (1). »

Plus tard, voulant donner un témoignage plus évident encore de la vivacité de sa gratitude

(1) *Fidèle recueil et récit véritable.....* par le P. A. Bourdon, 2e partie, pp. 231-236. — Le Docteur Goze, *Histoire des Rues d'Amiens*, t. IV, p. 14, dit que l'accident qui faillit coûter la vie au jeune Claude François arriva au Pont Du Cange ; le récit du P. Bourdon est pourtant bien formel en ce qui concerne le lieu et les circonstances de ce dramatique événement ; nous ne savons où M. Goze a puisé la version dont il s'est servi. Il y a, du reste, comme le lecteur le verra quelques lignes plus loin, une contradiction apparente entre le tableau du

envers Marie, Claude François entra dans la vie religieuse, et il y termina pieusement sa carrière.

Claude François, dès son jeune âge, avait le sentiment artistique : la peinture lui présentait un grand attrait ; il ne crut pas devoir renoncer à la pratique d'un art que de pieux et illustres personnages ont cultivé avec honneur et gloire tout en se soumettant aux exigences de la vie cénobitique. Avant d'entrer dans le cloître, le jeune Amiénois continua les études commencées, études pour lesquels il se sentait les plus heureuses dispositions. Il alla à Paris se perfectionner à l'école de Vouet et de Le Brun ; il se rendit ensuite à Rome pour s'y inspirer par la vue des chefs-d'œuvre des grands maîtres ; il revint à Paris, où son talent lui promettait de grands succès. Mais en 1641, en accomplissement du

Frère Luc et la narration du P. Bourdon. Ajoutons que M. Dusevel, dans son *Histoire d'Amiens* désigne aussi le Pont Du Cange comme étant l'endroit où Claude François manqua de périr. On nous a fait observer qu'en effet, le lieu de l'accident pourrait bien être le Pont du Cange ; si les parents de Claude François demeuraient rue Neuve, il serait assez vraisemblable que le jeune homme eût conduit son cheval à l'abreuvoir qui existe encore près de ce pont, plutôt qu'au Maulcreux qui est assez éloigné de la rue Neuve, voisine au contraire du Pont Du Cange vœu qu'il avait fait, dit-on, à Notre-Dame de Foy, Claude François renonçant pour jamais au monde qui semblait lui sourire, entra au couvent des Récollets du faubourg Saint-Martin (1), où il prononça ses vœux en 1644. Il n'en continua pas moins de cultiver son art, et c'est sous la bure franciscaine et sous le nom de Frère Luc que le peintre amiénois exécuta les plus remarquables de ses œuvres, parmi lesquelles nous citerons seulement : l'*Assomption* qui ornait jadis le maître-autel des Jacobins d'Amiens, tableau placé aujourd'hui dans l'église de Longueau ; une toile formant actuellement le retable de l'autel de la chapelle des saints Etienne et Augustin, à la Cathédrale, et qui représente la Vierge sortant du tombeau, et sur le point d'être emportée par les anges au ciel où Jésus l'attend dans sa gloire (2) ;

(1) Les *Récollets* ou Frères mineurs de l'étroite observance, appartiennent à l'ordre de saint François ; ils prirent naissance en Espagne, furent introduits en Italie en 1525, et en France en 1584. Ils vont déchaussés, et portent le *socque* ou hautes sandales. Le nom de Récollets leur fut donné parce que l'on n'admettait dans cet ordre que les religieux qui avaient l'esprit de *récollection* ou de recueillement.

(2) Au bas de cette peinture on lit ce verset du Cantique : FVLCITE ME FLORIBVS QVIA AMORE LANGVEO.

Disons toutefois qu'il n'est pas absolument sûr, d'après des critiques autorisés, que ce tableau soit du Frère Luc.

la Vierge tenant entre ses bras Jésus enfant regardant amoureusement la croix que lui présente un ange. Cette peinture date de 1666 : elle avait été offerte à la Cathédrale par François Quignon, chirurgien, Maître de la Confrérie de Notre-Dame du Puy ; elle est aujourd'hui, croyons-nous, la propriété des Dames du Sacré-Cœur d'Amiens (1) ; enfin, le monument de la recon-

(1) François Quignon avait pris pour refrain de son chant royal ce vers renfermant, selon la coutume des Confrères du Puy, un jeu de mots rappelant le nom du donateur :

Croix aimable à Jésus quoi QU'IGOMINI*ieuse.*

Le tableau faisait primitivement partie d'un triptique ; les volets, œuvre également du Frère Luc, représentaient, en camaïeu la *Salutation Angélique* et la *Nativité de Notre-Seigneur.* — « L'enfant Jésus, dit M. Rigollot (*Les Œuvres d'art de la Confrérie du Puy*), se recommande par un coloris très frais, une bonne exécution et par l'expression sublime de sa physionomie. La figure de la Vierge est trop charnue et sans caractère, mais son attitude est excellente et ses draperies sont bien traitées. Le petit ange qui porte la croix et la présente à l'enfant Jésus produit un très bon effet et mérite des éloges. En résumé, ce tableau dont la composition est fort ingénieuse, fait le plus grand honneur au Frère Luc ; on regrette que les volets soient perdus. »

Au bas de la toile se trouvent les quatre vers suivants :

Saincte Vierge agréez ce tableau très chrétien,
Pièce du Frère Luc, aussy saincte que belle,
Que vous offre François Quignon le chirurgien,
Avec Jeanne Véru, son épouse fidèle.

naissance du Frère Luc envers Notre-Dame de Foy, tableau placé jadis aux Augustins, au-dessous de la statue miraculeuse, et qui, à la suite des vicissitudes amenées par les circonstances est maintenant dans l'église de Neuville-sous-Lœuilly.

La peinture du Frère Luc, copiée par M. Le Tellier, représente la Sainte Vierge assise tenant l'Enfant Jésus dans ses bras ; d'un côté, un évêque en chape et en mître présente à Marie un enfant mort ; de l'autre un religieux tient élevé en le montrant aux spectateurs un petit tableau représentant un enfant tombant du haut d'un pont dans une rivière. D'après M. Goze l'évêque serait saint Augustin ; l'enfant mort, Claude François, auquel le grand docteur prierait la Vierge de rendre la vie.

On nous permettra quelques objections ; d'abord François ne mourut pas des suites de son accident ; puis l'enfant ici figuré paraît encore en bas-âge, tandis que le jeune Amiénois avait déjà quinze ou seize ans quand il fut entraîné par un cheval sous le barrage du Pont du Maulcreux, ou précipité du haut du Pont du Cange ; c'est probablement un autre miracle de Notre-Dame de Foy que le pinceau de l'artiste a voulu retracer ici : celui de la résurrection de l'enfant qui, par l'intercession de la Vierge, obtint de revenir à la vie pendant un temps suffisant pour recevoir le sacrement de Baptême. Quant au religieux tenant un tableau, il passe pour avoir la physionomie du Frère Luc lui-même : c'est possible, et les peintres ont plus d'une fois introduit leur propre portrait dans leurs œuvres ; la petite scène du tableau ne parait pas s'adapter avec une parfaite exactitude au récit du P. Bourdon ; mais ce n'est là, à notre avis, qu'un détail peu important (1).

Quoi qu'il en soit, la copie du Frère Luc doit être mise au rang des bons ouvrages de M. Le Tellier.

Le second tableau, exposé en regard du premier, sur la muraille du côté de l'évangile,

(1) Nous croyons que le sujet représenté sur le tableau que tient le Frère Luc pourrait bien être la reproduction d'un autre miracle de Notre-Dame de Foy : le 21 Mars 1630, une enfant de six ans, Jeanne, fille de Claude Poulhaye, fût jetée par un coup de vent dans la Somme, l'eau étant fort grosse et fort rapide, à l'endroit où était autrefois le couvent des Célestins ; elle fut immédiatément entrainée sous le pont appelé *Dolent* (pont de la Citadelle), et de là jusqu'à la chaine du pont du *Maulcreux* où elle demeura attachée et couverte des ondes. Marguerite Féron, mère de l'enfant,

représente la Visitation de la Sainte Vierge, mystère dont l'Eglise fait l'objet d'une fête qui était celle de la Confrérie de Notre-Dame de Foy, aux Augustins d'Amiens ; Marie est debout, Elisabeth est agenouillée devant elle ; dans le haut, des anges portés par des nuages, jouent de divers instruments de musique.

Cette peinture est de beaucoup inférieure à la première : sans doute le dessin est correct, mais le coloris est terne, les visages sont atones et la disposition de la scène assez pauvrement imaginée : les personnages manquent de vie, on se sent trop en face de deux mannequins d'atelier, drapés avec plus ou moins d'art.

L'attention du visiteur de la chapelle de Notre-Dame de Foy est également attirée par deux autres tableaux, de moyenne grandeur, attachés sur les panneaux de la boiserie qui couvre la

instruite de l'accident, courut sur la rive et s'y tint longtemps, appelant à l'aide ; cinq hommes se mirent à la nage à plusieurs reprises, mais l'impétuosité du courant les empêchait d'arriver jusqu'à l'enfant ; enfin, la mère réclama Notre-Dame de Foy avec tant de ferveur que cela donna au nommé Jean Ratel, le courage de s'exposer de nouveau au péril : il parvint à détacher l'enfant de l'endroit où elle était retenue par ses vêtements, la retira de l'eau saine et sauve et la rendit à sa mère. — *Abrégé des merveilles de Notre-Dame de Foy*, pp. 49-50.

partie inférieure des murailles, l'un à droite et l'autre à gauche. Ces deux peintures n'ont point de rapport avec la dévotion qui appelle en cet endroit un concours nombreux de fidèles ; elles appartiennent à la série des stations du Chemin de la Croix. Cette belle collection offerte à la Cathédrale par une réunion de généreux donateurs qui désirèrent garder l'anonyme, date de 1841. C'est M. le curé Dubas qui avait pris l'initiative de cette œuvre importante, tout à la fois religieuse et artistique. Les toiles sont dues au pinceau de différents artistes, dont plusieurs sont picards d'origine ; les cadres ont été sculptés par les frères Duthoit. La cérémonie d'inauguration de ce Chemin de Croix, présidée par Mgr Mioland, eût lieu le 14 Septembre 1841.

Les deux tableaux placés dans la chapelle de Notre-Dame de Foy sont la Xe et la XIe Station : *Jésus est dépouillé de ses vêtements ; Jésus est attaché à la Croix.* Les deux toiles sont du même auteur, M. Lecaron. Ce sont des compositions estimables et qui donnent une bonne idée du talent de l'artiste ; on reproche pourtant aux personnages accessoires de manquer d'expression.

Le dallage de la chapelle a récemment été refait

sous la direction de M. Billoré, architecte diocésain d'après un projet dressé par son prédécesseur, M. Massenot, projet dont l'éxécution avait été longtemps différée, nous ne savons pour quelle cause.

Les lambris qui couvrent les murailles ont été débarrassés de la peinture à l'huile dont ils avaient malheureusement été enduits il y a quelques années ; le chêne a repris la teinte vigoureuse que les ans lui ont donnée et les ornements délicatement sculptés de l'encadrement des panneaux, dépouillés de l'enduit qui les empâtait, prouvent que les menuisiers amiénois du XVIIIe siècle n'avaient point dégénéré de leurs ancêtres qui, aux âges précédents, *entaillèrent* les stalles du chœur et les cadres des tableaux offerts par les maîtres de la Confrérie du Puy.

Une amélioration non moins heureuse que l'enlèvement de la grossière peinture qui dénaturait les boiseries, a été le déplacement des petites plaques de marbre blanc, *ex-voto* par lesquels, au moyen d'une courte inscription et d'une date, les personnes favorisées de quelque grâce particulière remercient Notre-Dame de Foy de sa puissante intercession auprès du Dieu des miséricordes.

Il nous souvient d'avoir lu quelque part dans un ouvrage d'esthétique, que ces plaques sont, en général, d'un pauvre effet décoratif et qu'en maint endroit leur multiplicité nuit à la beauté de l'aspect monumental des églises : il vaudrait mieux que les pieux fidèles cherchassent un autre moyen de témoigner leur reconnaissance.

Sans doute, il y a du vrai dans cette appréciation; néanmoins le sentiment qui inspire l'érection de ces plaques commémoratives est aussi respectable que touchant ; à la chapelle de Notre-Dame de Foy on est du moins parvenu à mettre d'accord les manifestations de la gratitude envers Marie avec les exigences de l'archéologie pour le maintien de la beauté des lignes architecturales et l'intégrité de la décoration monumentale. Les plaques appliquées primitivement sur les boiseries altéraient leurs rinceaux, et masquaient le contour gracieux des panneaux; elles ont été enlevées et posées plus haut, sur les murs de refend de la chapelle dont la nudité disparaîtra peu à peu, étant couverte par cette sorte de tapisserie.

Sur ces murs sont aussi fixées deux plaques de marbre noir, encadrées de marbre blanc : ces plaques sont les épitaphes de deux chanoines du XVIIIe siécle, dont les corps sont inhumés dans la chapelle. L'une de ces épitaphes est ainsi conçue :

D. O. M.

HIC IACET
LUDOVICUS LE CARON D'AVENE
HUIUS INSIGNIS ECCLESIÆ
PŒNITENTIARIUS ET CANONICUS
IN CURIA AMBIANENSI
SENATOR INTEGERRIMUS
STUDUIT DISSIDENTIUM PACI
ERRANTIUM EMENDATIONI
OCULUS CÆCORUM
VITA EGENTIUM
PUPILLORUM AC VIDUARUM PARENS
INFIRMA PLERUMQUE VIXIT VALETUDINE
UT MORI DISCERET
CÆLO MATURUS RELIQUIT TERRAM
UT NEC SANCTOS MORI PŒNITEAT
DIE 26 SEPTEMB. AN. 1718
ÆTATIS SUÆ 73

L'autre inscription est rédigée en ces termes :

D. O. M.

CAROLUS DE BACOUEL
PRESBYTER
AMBIANENSIS ECCLESIÆ.
CANONICUS
ANIMARUM SALUTE
PER ANNOS 33
VERBO
SCRIPTIS
MISSIONIBUS
INDEFESSÈ PROCURATA
PAUPERIBUSQUE
QUOS VIVENS IMPENSÈ ADIUVERAT
INSTITUTIS
EX ASSE HÆREDIBUS
IN SACELLI HUIUS LIMINE
DEPOSITUS EST
OB. 15 IUN. 1714
ÆTAT. 76

D'autres ecclésiastiques ont aussi reçu la sépulture à l'intérieur de la chapelle de l'Annonciation ou dans la travée de la nef latérale qui s'étend devant cette chapelle. Les auteurs des descriptions anciennes signalent : à l'intérieur, 1° *Adrien Damiens*, né à Amiens le 24 Juin 1655, d'Augustin et de Françoise Cornet ; Docteur en théologie, Docteur de Navarre, Pénitencier en 1681 ; il légua sa bibliothèque à l'abbaye de Saint-Jean : dans cette bibliothèque était entrée celle du célèbre Docteur Nicolas Cornet, oncle du défunt, et celle d'Antoine Cornet, aussi Docteur de Navarre. 2° *Henri Rogeau*, né à Amiens, le 19 Novembre 1619 (paroisse Saint-Remy) de Gabriel, avocat au Parlement de Paris et de Madeleine Hennique ; chanoine de Saint-Nicolas (1635) ; curé de Saint-Firmin-le-Confesseur (1648) ; curé de Notre-Dame (1652) ; chanoine de la Cathédrale (12 Septembre 1654) ; administrateur des pauvres (du 14 Octobre 1665 au 7 Février 1671 et du 13 Avril 1674 au 9 Novembre 1677). Il mourut le 16 Novembre 1687 et légua 1200 livres à l'Hospice Saint-Charles.

Devant la chapelle reposaient : 1° *Charles Robache*, chanoine, mort le 23 Février 1627. 2° *Jean Levasseur*, chanoine, administrateur des pauvres du 9 Juillet 1639 au 7 Mars 1643, mort le 22 Février 1667 ; 3° *Pierre Ducandas*, clerc tonsuré, chanoine le 3 Avril 1750, mort le 23 Mars 1777, à l'âge de 50 ans ; 4° *Jean-Baptiste Destregard*, chanoine, qui mourut le 9 Décembre 1785, et légua 5.062 livres à l'Hospice Saint-Charles ; 5° *Jean-Antoine Cardot*, né à Amiens le 5 Septembre 1680, sur la paroisse Saint-Remy, d'Antoine, notaire, et de Marie-Françoise Ducandas; chanoine en 1705, vétéran et honoraire le 7 Mars 1725 ; administrateur des pauvres du 3 Novembre 1730 au 17 Novembre 1738 : il mourut le 28 Janvier 1757 (1).

L'évêque d'Amiens, Mgr Bataillé, de pieuse et vénérée mémoire, favorisa de tout son pouvoir la restauration du culte de Notre-Dame de Foy et le réveil de la dévotion des amiénois envers cette statue miraculeuse ; il sollicita et obtint du Souverain Pontife de précieuses indulgences. Le zèle du Prélat était secondé par celui de son secrétaire particulier, M. le chanoine Dahiez, qui mit tout en œuvre afin d'obtenir de la générosité des fidèles des dons et des offrandes

(1) Nous devons ces renseignements à l'obligeance de M. A. Dubois.

pour la confection du reliquaire et l'embellissement de la chapelle.

Un habitant d'Amiens, paroissien de la Cathédrale, mérite aussi une mention toute spéciale pour la part qu'il prit au rétablissement du culte de Notre-Dame de Foy. M. Narcisse Ponche occupait un rang distingué parmi les principaux industriels de la ville. Son dévouement pour les œuvres de charité ayant pour but l'instruction chrétienne des enfants du peuple et le soulagement des pauvres était bien connu dans Amiens ; il ne cessait d'ailleurs d'en donner des preuves. Sa piété lui inspira de s'occuper particulièrement de réveiller la foi et la confiance de ses concitoyens envers la Vierge honorée jadis chez les Augustins.

Il ne ménagea point ses dons personnels pour l'ornementation du nouveau sanctuaire que l'on venait d'inaugurer à la Cathédrale, mais il s'appliqua surtout à étendre et propager la dévotion à Notre-Dame de Foy : il fit imprimer des brochures, graver des images, frapper des médailles et les répandit à profusion. Il ne cessait de recommander de bien prier Marie sous un titre qui longtemps parut plaire à la Mère du Sauveur. Chaque année, au jour de la Visitation, il était heureux de voir les enfants de l'école des

Frères de Saint-Leu, les jeunes gens du patronage de la même paroisse, enfants et jeunes gens dont il était l'insigne bienfaiteur, se rendre à la Cathédrale et assister avec lui à une messe dite spécialement pour eux à l'autel de Notre-Dame de Foy.

Il nous est doux de terminer ces pages en rendant hommage à la piété de cet homme de bien, qui nous honorait de son amitié, et d'associer le respectueux souvenir que nous conservons de lui aux sentiments qui nous ont inspiré la publication de cet opuscule consacré à Notre-Dame de Foy.

APPENDICE

du Bos (Armes primitives)

du Bos

Poix

Piéce (Chiffre marchand)

Piéce (Armes primitives)

Piéce (d'après d'Hozier)

de Court

de Court (Variante)

de Court (d'après d'Hozier)

APPENDICE

I

NOTES CONCERNANT LA FAMILLE DU BOS

(*Communication de M. R. de Guyencourt*)

La famille du Bos, qui a possédé les seigneuries de Drancourt, Beaulieu, Flers, Hurt, Belloy, Hornicourt, etc., est originaire des environs de Saint-Valery. Elle porta d'abord pour armes : *d'argent à trois arbres de sinople, plantés sur une terrasse de même et surmontés de deux étoiles de gueules*, armoiries qu'elle fut autorisée à changer en 1660, pour prendre les suivantes : *d'argent au lion de sable armé et lampassé d'azur.*

La famille du Bos a établi sa généalogie suivie depuis Jean, qui, en 1453, acquit le fief d'Hornicourt, sis à Canessières, et avait épousé Marguerite d'Outreleau. L'un de ses descendants, Martin du Bos, fût maïeur de Saint-Valery en 1552. Il se maria deux fois et épousa : 1° Marie

Machard ; 2° Perrette Bouchard ou Boussart. Il eut de nombreux enfants de ces deux unions.

Du second lit procéda Nicolas, Trésorier de France à Amiens, de 1593 à 1610, seigneur de Hurt et d'Hornicourt, époux de Jacqueline de Louvencourt, fille de Charles, seigneur de Bretencourt, Pissy, etc., et de Jacqueline Rohault de Campreux. Nicolas eut, entre autres, un frère Philippe, seigneur de Drancourt, qui devint l'époux de Marie de Louvencourt, sœur de Jacqueline. Il fut aussi Trésorier de France.

Nicolas du Bos et sa femme eurent onze enfants, entre autres Philippe du Bos, mari de Catherine Thierry, Trésorier de France à Amiens, et père de dix enfants. L'une de ses filles, Catherine du Bos, devint l'épouse (contrat du 17 Mai 1638) de Charles du Fresne, qui devait être le célèbre du Cange.

Nicolas du Bos, mari de Jacqueline de Louvencourt, fût anobli par Henri IV, en Octobre 1594, pour avoir contribué à faire rentrer la ville d'Amiens sous l'obéissance du roi après la Ligue.

La famille du Bos est encore de nos jours honorablement représentée à Amiens. Ce sont les enfants de Martin, ancien maïeur de Saint-Valery, qui paraissent être venus les premiers se fixer dans la capitale de la Picardie.

II

Notes concernant la famille Pièce

(*Communications de MM. A. Dubois et de Guyencourt*)

La famille Pièce tenait un rang distingué parmi les bourgeois d'Amiens : plusieurs de ses membres s'allièrent aux familles les plus honorables de la ville.

Jean Pièce, mort en 1526 (1), paraît être le plus ancien de sa race dont le nom nous ait été conservé (2).

En 1552, Pierre Pièce, marchand, apothicaire et bourgeois, étant Maître de la Confrérie du Puy, fit présent à la Cathédrale d'un tableau représentant la Vierge Marie avec son Divin Fils ; le refrain palinodial était ainsi conçu :

De Jésus-Christ Vierge et Mère féconde (3)

(1) 1518 selon l'Epitaphier des Antiquaires.

(2) Il avait épousé Demoiselle Marie Poin.

(3) Pierre Pièce avait pour écusson un chiffre marchand reproduit sur la planche de blasons qui accompagne cette notice. — La plupart de ces écussons sont extraits de l'épitaphier des Antiquaires.

Jean Pièce, chapelain et chantre de Notre-Dame, obtint à son tour la maîtrise du Puy en 1590. Il prit pour devise ce vers :

PIÈCE SANS PRIX AU PRÊTRE GRAND OFFERTE

Le sujet de son tableau était la Présentation de la Sainte Vierge au temple. — « Le donateur, dit Pagès, est peint à genoux, vêtu de ses habits de chœur ; il est accompagné d'un grand nombre d'ecclésiastiques, vêtus de même. Au milieu de cette réunion se trouve un évêque en costume pontifical : ses habits et ses ornements sont délicatement peints et dorés. C'est sans doute le portrait de Nicolas de Pellevé, cardinal, évêque d'Amiens, mort à Sens en 1594. »

Catherine Pièce, fille de Pierre Pièce et de Marguerite de Montigny (1), épousa François

(1) Magdeleine Le Tellier, épouse :
1° Jehan de Montigny,
2° Jehan Le Clercq,
3° Nicolas Blasset, le sculpteur
d'où, du 1er lit :

Marguerite de Montigny
Ep. de Pierre Pièce,
d'où :

François Pièce,	Magdeleine Pièce,	Marguerite Pièce,	Catherine Pièce.

Cornet, seigneur de Langle, né le 21 Avril 1627, décédé le 7 Juillet 1693, inhumé au cimetière Saint-Denis. François Cornet était le neveu du célèbre Nicolas Cornet, Grand-Maître du Collège de Navarre.

Catherine Pièce portait : *de.... au chevron de.... chargé de trois pièces ou besans de.... sommé d'un soleil de.... et accompagné de trois billettes de.... deux en chef, une en pointe.* Les couleurs de ces armoiries sont inconnues.

François Pièce, seigneur de Framicourt, trésorier de France, à Amiens, en 1652, épousa en premières noces Louise Scourion, en secondes Françoise de Louvencourt. D'après d'Hozier, François Pièce, portait : *d'azur à la croix d'argent denchée, cantonnée de quatre pièces rondes ou besans d'or.*

Marie Pièce épousa Jacques Mouret, seigneur de Buyon, maïeur d'Amiens (veuf en premières noces de Françoise de Louvencourt) et en eût une fille, Jeanne Mouret, dame de la Mairie de Vers, épouse de Jehan du Crocquet (fils de Jehan

En 1632, Pierre Pièce demeurait rue des Orfèvres.

Voir le testament de Magdeleine Le Tellier et la pièce justificative n° 7, dans l'Œuvre de Blasset, etc., par M. A. Dubois.

et de Marie de Hangest) conseiller au Bailliage d'Amiens. Elle était veuve avant le 2 septembre 1690.

Antoine Pièce, seigneur de Bours en Marquenterre, donateur du bas-relief de l'Annonciation sculpté par Blasset, naquit à Amiens, le 6 Octobre 1613, sur la paroisse de Saint-Firmin le Confesseur. Il était fils d'Antoine Pièce et de Marie du Crocquet. Il se maria le 20 Juin 1639 (contrat de Maître Denis, notaire) avec Françoise de Court, fille de feu Jean de Court et de Marguerite Canteraine ; ils n'eurent qu'une fille. (V. Armes des de Court, sur la planche de blasons)

Un ecclésiastique de la famille Pièce, prêtre chapelain de la Cathédrale, faillit périr d'une façon tragique, en accomplissant les fonctions du saint ministère : le mercredi 31 Décembre 1705, un ouragan d'une violence extrême se déchaîna sur Amiens, vers huit heures du matin ; le vent renversa la partie supérieure de l'une des pyramides sur lesquelles s'appuient les arcs-boutants de l'abside de Notre-Dame ; les pierres tombèrent avec fracas sur la toiture de la chapelle Saint-Jacques (aujourd'hui chapelle du Sacré-Cœur) ; la voûte fut effondrée en partie et s'écroula sur les dalles, au moment même où

M. Pièce, qui venait de dire la messe à l'autel de Saint-Jacques, sortait à peine de la chapelle et échappa presque miraculeusement à la mort (1).

La famille Pièce paraît éteinte depuis longtemps: elle n'a plus du moins de représentant de son nom à Amiens.

III

Indulgences accordées par le Souverain Pontife.

LÉON XIII, Pape

Pour en perpétuer le souvenir. Selon la relation qui Nous a été faite, on voit exposée depuis longtemps déjà dans l'église Cathédrale d'Amiens une statue de la Bienheureuse Vierge Marie sous le vocable de *Notre-Dame de Foy*, en grande vénération chez le peuple chrétien. Nous donc, disposant avec une bienveillante charité des célestes trésors de l'église, pour l'accroissement de la dévotion des fidèles et le salut des âmes, Nous accordons miséricordieusement dans le Seigneur l'indulgence plénière et la rémission de

(1) Ms. de Pagès, t. IV, p. 401, éd. L. Douchet.

tous leurs péchés à tous les fidèles du Christ de l'un et de l'autre sexe, qui, vraiment pénitents, s'étant confessés, ayant communié, viendront chaque année en la fête de la Visitation de l'Immaculée Vierge Mère de Dieu, depuis les premières Vêpres jusqu'au coucher du soleil du jour de la même fête, visiter dévotement l'église Cathédrale et cette statue de la Bienheureuse Vierge Marie, et là offriront à Dieu de pieuses prières pour la concorde des princes chrétiens, l'extirpation des hérésies, la conversion des pêcheurs et l'exaltation de la Sainte Eglise Notre Mère. De plus, à tous les fidèles du Christ, de l'un et l'autre sexe, qui le cœur au moins contrit, réciteront cinq fois devant la susdite statue l'Oraison dominicale, la salutation angélique, et la louange *Gloria Patri* : aux fêtes de la Conception, de la Nativité, de la Présentation, de l'Annonciation, de la Visitation, de la Purification et de l'Assomption de la Bienheureuse Vierge Marie : Nous remettons en chacune de ces fêtes où ils prieront ainsi et dans la forme accoutumée de l'Eglise, trois cents jours de pénitences à eux imposées et dues d'ailleurs pour une raison quelconque ; pareillement Nous remettons cent jours à ceux qui réciteront devant la même statue trois fois la salutation Angélique, n'importe quel jour de l'année. Nous concédons que ces indulgences, rémissions de péchés, relaxations de pénitences, puissent toutes et chacune être appliquées par mode de suffrage aux âmes des fidèles du Christ, qui, jointes à Dieu dans la charité, ont quitté ce monde. Aucun obstacle contraire ne peut empêcher l'effet des présentes qui vaudront dans l'avenir à perpétuité.

Donné à Rome, près Saint-Pierre, sous l'anneau du pêcheur, le 28e jour de Janvier 1879, la première année de Notre Pontificat.

Pour le Cardinal Nina,
Secrétaire d'Etat,

D. Jacobini,
Substitut pour les Brefs.

ERRATUM

En reproduisant (p. 10) l'inscription gravée dans un cartouche au bas de la sculpture qui sert de retable à l'autel de Notre-Dame de Foy, nous avons mis le mot *Vient* au commencement ; nous ne faisions que copier le texte publié par plusieurs auteurs de descriptions de la Cathédrale : la lecture de l'authentique étant rendue assez difficile par la position de l'édicule placé sur l'autel. Nous nous sommes aperçu en examinant le cliché photographique de M. J. Roux, que l'inscription commémorative du don d'Antoine Piéce, commence par le mot Voe. De même, dans la copie imprimée par nous, a-t-on voulu donner un style trop archaïque à l'ensemble des mots inscrits sur le cartouche : l'orthographe est plus moderne, ainsi que le lecteur peut s'en convaincre en regardant l'héliogravure du frontispice ; toutefois, le mot *Prix* se termine par un s et non par un x.

www.ingramcontent.com/pod-product-compliance
Lightning Source LLC
LaVergne TN
LVHW020411230826
846091LV00004B/1237

9782012836389